本书受到云南省哲学社会科学学术著作出版专项经费资助

大理大学博士科研启动费项目资助

云南大学西南边疆少数民族研究中心文库·社会发展与社会治理系列

许沃伦 著

『祖荫』博弈与意义建构

大理白族『不招不嫁』婚姻的人类学研究

Beyond Virilocal and Uxorilocal Marriage: An Anthropological Study on Modern Marriage Custom of Bai People in Dali

社会科学文献出版社
SOCIAL SCIENCES ACADEMIC PRESS(CHINA)

"云南大学西南边疆少数民族研究中心文库"编委会

禀承优良传统　创建一流学科

——"云南大学西南边疆少数民族研究中心文库"总序

作为教育部人文社会科学重点研究基地，云南大学西南边疆少数民族研究中心（以下简称"西边中心"）承担着建设中国西南边疆民族研究高地的任务和创建全国民族学一流学科的使命。自2001年以来，西边中心禀承云南大学的优良学术传统、依托本校民族学学科，按照"开放、合作、竞争、流动"的原则，整合校内社会学、法学等相关学术资源，汇聚国内外研究力量，深耕中国西南研究并开拓东南亚研究，以深入细致的田野调查回应国内外学术前沿论题及国家和地方的重大战略，推动学科理论方法的创新、政策措施的完善、社会治理能力的提升和优秀文化的传承，引领云南大学相关学科和边疆院校民族学学科的发展。

为了让读者了解"云南大学西南边疆少数民族研究中心文库"的背景，现将云南大学民族学学科及其相关学科做一个简略介绍。

一　优良的学术传统

云南大学的民族学、人类学和社会学学科创建于20世纪30年代末。1938年，校长熊庆来聘请曾任清华大学社会学系主任的吴文藻教授来校工作。1939年，社会学系正式成立，吴文藻担任系主任。同时获得洛克菲勒基金资助，建立云南大学－燕京大学社会学实地调查工作站（因曾一度迁往昆明郊区呈贡县的魁星阁，故学界称之为"魁阁")。吴文藻先生广延英才，先后汇聚了费孝通、许烺光、陶云逵、史国衡、胡庆钧、王康、李有义、田汝康、谷苞等学者，组织一系列调查研究，产生了《云南三村》《祖荫下》《芒市边民的摆》《汉夷杂区经济》《昆厂劳工》《内地女工》等一系列实地研究成果。与此同时，在京师大学等北京高校和中央研究院历史语言研究所求学的云南籍纳西族学者方国瑜先生返回云南大学，创办西南文化研究室，编辑出版《西南边疆》杂志和"国立云南大学西南文化研究丛书"。以吴文藻先生为代表的结构－功能学派和以方国瑜先生为代表的中国历史学派汇聚于此，建构起了既具中国特色又有全球视野的学科高地，奠定了云南大学社会学、民族学与人类学悠久而优秀的学术传统。

在中国民族学与人类学恢复重建过程中，云南大学于1981年获批中国民族史博士学位授权，成为全国最早招收博士研究生的机构之一；1987年获批设立人类学本科专业，是中国率先恢复人类学专业的高校之一。

20世纪90年代中期以来，云南大学的民族学实现了跨越式发展，先后获批教育部人文社会科学重点研究基地——云南大学西南边疆少数民族研究中心、国家级重点学科、一级学科博士授权点、民族学博士后科研流动站，组织实施了一系列的田野调查和学科平台建设，培养出一批又一批优秀人才，形成具有凝聚力、创新力和影响力的学术团队，成为中国民族学、人类学的学术重镇，打造了国内一流、国际知名的学科。

二 多维的学科平台

经过近八十年的积累与发展，云南大学民族学已形成以西边中心为枢纽、以多个机构为支撑的功能齐全、优势互补、密切合作的学术平台。

人类学博物馆：2006年建成，占地4154平方米，展览和接待服务面积近2000平方米，现有藏品2000多件，设有"民族艺术"

"云南民族文化生态村""云南大学人类学和民族学七十年回顾展"等专题展览，开展文化遗产传承保护活动与研究。

影视人类学实验室：云南大学于 1998 年与德国哥廷根科教电影研究所合作启动中国民族志电影摄制专业人才培养项目，于 2006 年建成影视人类学实验室（包括 2 个电影演播及讨论区域、20 个视频点播终端、1 个资料室和 1 个电影编辑室），从事影视人类学的影片拍摄制作与人才培养，征集、整理与存储民族学、人类学影视资料，组织每周一次的观摩与讨论民族志电影的"纪录影像论坛"。

云南省民族研究院：中共云南省委、省政府 2006 年批准设立的全省两个重点研究院之一，承担整合全省民族问题研究资源，调查研究云南民族问题和民族地区发展，特别是研究"民族团结进步边疆繁荣稳定示范区"建设的重大理论和现实问题的任务。

边疆文化多样性传承保护及其对外传播与产业化协同创新中心：于 2011 年获准成立的省级协同创新中心，通过整合相关高校及科研机构、各个学科、企业等的资源，促进文化多样性传承保护的研究与实践、中华文化的对外传播和文化创新产业开发，正在探索与推进"互联网 + 民族文化"的民族文化传承传播模式。

边疆民族问题智库：2014 年底获批为省级高校智库，围绕边疆民族问题治理、民族关系调适及民族地区发展等重大现实问题展开调查研究，为维护边疆稳定和民族团结进步提供决策咨询。

云南大学民族学与社会学学院：2016 年 1 月由原云南大学民族研究院和公管学院社会学系合并组建，为云南大学实体性教学科研机构，内设综合办公室、人类学系、社会学系、社会工作系、民族学研究所、宗教文化研究所、民族史研究所、边疆学研究所、图书资料室等机构，承担本科生、硕士研究生、博士研究生的培养和科学研究等任务。

三 进取的学术团队

学术队伍建设遵循"各美其美、美人之美、美美与共、天下大同"的学科理念,禀承"魁阁"时期维护学术共同体的优良传统,践行云南大学"会泽百家、至公天下"的精神,力戒文人相轻、自我封闭、师门相斥等学界陋习,围绕建设方向明确、结构合理、团结协作、勇于探索的团队建设目标,建构学者之间的互动机制、共享机制和协作机制,培育学术队伍的进取意识、合作精神和创新能力,促进学者的共同发展和团队的整体发展。

目前,云南大学民族学队伍已经成为国内学界为数不多的具有突出的凝聚力、创新力和整体实力的学术团队,获得省级学术创新团队称号 2 个、省级民族学课程群优秀教学团队称号 1 个,担任国内外重要学术期刊编委 4 人次,享受国务院政府特殊津贴专家 2 人次,担任国务院学科评议组专家和国家社会科学基金会评委各 1 人。

四 鲜明的研究特色

云南大学的民族学长期坚持立足西南边疆、强调团队合作、重视田野工作、回应重要问题、开拓学术前沿的学术发展道路,不断推出问题意识明确、调查扎实深入、原创意义突出的科研成果。

以中国西南和东南亚为重点研究区域。由于地处西南边疆,创建之初云南大学民族学与人类学就以中国西南为重点研究区域,产出了一系列与国际学术界对话的重要成果。此后,这一传统得到发扬光大,不断推出具有时代特征、创新价值的研究成果,近年推出了"中国西南民族志丛书""少数民族社会文化变迁丛书""非物质文化遗产的田野图像""边疆研究丛书"等系列成果。2009 年开始,为了改变中国民族学、人类学仅以国内为调查研究对象而缺乏海外研究、中国社会科学的国外研究主要以文献资料为依据的状况，同时为了适应全球化进程的深化和"中国崛起"的现实需要，并回应西方人类学重视海外"异文化"调查研究的学科脉络，云南大学人类学、民族学积极开拓东南亚新领域，组织 50 多位师生奔赴越南、缅甸、老挝、泰国等国家开展田野调查，推出"东南亚民族志丛书"，探讨中国西南与东南亚的族群互动、民族与国家、民族的认同与建构、社会文化的国家建构等前沿性论题。

学科核心内容的全覆盖和多个领域的领先优势。云南大学民族学、人类学的学术研究覆盖文化与生态、生计模式与经济体制、婚姻家庭与亲属制度、信仰与仪式、政治组织与习俗法、语言与文化、社会文化变迁、民族理论与民族政策、中国民族史、边疆问题、现代性与全球化等诸多领域，在中国西南民族史、生态人类学、经济人类学、艺术人类学、民族政治学、法律人类学、象征人类学、民族文化产业等领域具有突出优势，推出了"中国民族家庭实录""生态人类学丛书""经济人类学丛书""艺术人类学丛书""中国西南民族文化通志"等系列研究成果以及有较大影响的《中华民族发展史》《刀耕火种——一个充满争议的生态系统》《资源配置与制度变化》《民族文化资本化》《现代人类学》等著作。在教育部 2013 年颁发的第六届高等学校优秀成果奖（人文社会科学）中，云南大学民族学、人类学获得 4 项，其中一等奖 1 项、二等奖 1 项、三等奖 2 项，是"民族学与文化学"类获奖最多的高校。

研究方法创新的探索与推进。为了改变恢复重建之后的中国民族学、人类学对学科基本方法——田野调查重视不够，民族学、人类学许多师生缺乏田野调查经历和知识，"书斋"的民族学或"摇椅上的人类学家"盛行的状况，云南大学于 1999 年底至 2000 年初组织了"跨世纪云南少数民族调查"，该调查参与师生达 130 多人，调查范围覆盖人口在 5000 人以上的 25 个云南省少数民族。

2003 年再次组织"新世纪中国少数民族调查",调查范围扩大到全国 55 个少数民族(含台湾高山族),出版了系列调查报告,重新确立了田野调查作为民族学、人类学的核心研究方法和学生训练的必备环节的地位。同时,探索常规化和长期性开展田野调查的路径,2003 年开始在云南少数民族农村建立调查研究基地,为教师的长期跟踪调查和学生的田野调查方法训练奠定了基础,进而推动了当地少数民族撰写"村民日志"与拍摄影像的实践,回应国际人类学界后现代人类学方法论的讨论和"让文化持有者发出自己的声音"的学术实验,出版"新民族志实验丛书",探索与实践"常人民族志"方法。此后,一方面,推进从民族研究向民族学研究的转化,开展既具有明确的前沿意识、问题意识,又具有细致深入的田野调查的民族志研究;另一方面,探索超越小型社区或小群体调查研究传统范式的路径,开展适应历史上早已存在的跨族群、跨区域,甚至跨文明的社会文化互动和全球化时代开放社会的区域研究、跨国研究、跨文明研究和"多点民族志"研究。

《西南边疆民族研究》入选"中文社会科学引文索引(CSSCI)来源集刊"。创办于 2003 年的专业学术集刊《西南边疆民族研究》刊载民族学与人类学的理论论文、民族志文本、田野调查报告和学术评述等类型的研究成果,受到学界关注与重视,所刊登的部分成果被多种学术文摘、复印资料转载或引用,从 2008 年起连续入选"中文社会科学引文索引(CSSCI)来源集刊"。此外,还主办英文集刊《中国西南民族学与人类学评论》(*Review of Anthropology and Ethnology in Southwest China*)。

五 规范的人才培养

云南大学民族学、人类学建立了从本科、硕士到博士的完整的人才培养体系,按照知识的完整性、理论的系统性、视野的开阔性、方法的实作性、思维的探索性的人才培养目标,用正确的舆论导向引领人、用浓厚的学术氛围养育人、用严肃的纪律规范人、用严谨的实作训练塑造人的人才培养思路，制定人才培养方案和规章制度，设计教学内容和教学方法，强化田野工作、问卷调查和影视人类学拍摄等实作训练，培养了一批又一批理论基础和田野调查扎实、开拓精神和创新意识突出的优秀人才。

民族学专业本科采取小规模的精英培养模式。实行规范的导师制，按照双向选择的原则，每位指导教师每届指导 1～3 名学生，担负学生本科阶段的学习、思想、生活、田野调查和论文写作等指导任务，带领学生进入田野，吸纳学生参与科研工作。除了常规课程设置和课堂教学之外，还设置了影像拍摄技术、短期田野考察、田野工作实训、问卷调查实训等实作能力培养课程；在学术报告会、学术沙龙和学术会议之外，专门开设了以本科生为受众主体的"魁阁讲坛"；编辑印制以刊发本科生调查报告及其他类型文章为主的刊物《田野》，培育学生的思考与探索精神。近年来，近半数本科生获准主持校级及以上科研项目，其中包括省级和国家级项目，有许多学生获得各种类型的奖励和荣誉，超过半数的本科毕业生通过推荐免试和报考两条路径进入国内外著名高校攻读研究生，进入国家机关、事业单位及其他机构的毕业生获得良好评价和较好发展。

硕士研究生以学术素养和科研能力的培育为重点。除了国务院学位办颁布的民族学一级学科目录下属的五个二级学科硕士、博士授权和人类学学位授权之外，获准自主增设了民族法学、民族生态学、民族政治学、民族社会学、世界民族与民族问题、民族文化产业等二级学科，研究方向覆盖民族学学科的各个领域和诸多重要的学术前沿问题。课堂教学内容突出理论的前沿性和方法的探索性，教学方法重视学习的自主性和师生的互动性，田野调查强调时间的长期性和参与的深入性，论文写作要求问题的明确性、论述的严谨性和资料的丰富性，通过严格的学年论文、开题报告会、预答辩、匿名评审和答辩等环节确保培养质量。

教材建设和课程建设成效显著。两位学科带头人分别担任马克思主义理论研究与建设工程教育部重点教材《中国民族史》和《人类学概论》编写的首席专家，一批学者参与了国家级重点教材编写工作；"中国少数民族文化概论""中国少数民族的生态智慧"等课程成为省级精品课程。

"全国民族学与人类学田野调查暑期学校"是云南大学民族学、人类学研究生培养模式创新并已实现常规化的项目。教育部于 2008 年批准云南大学实施"教育部研究生教育教学创新计划"项目"全国民族学与人类学田野调查暑期学校"，于 2009 年暑期开始实施，至今已开办 5 期。暑期学校面向国内外高校的硕士研究生、博士研究生和青年教师，每期学员规模为 150 人左右。除了来自中国大陆高校的学员之外，每年都有来自中国香港、中国台湾、欧美、澳大利亚、东南亚、南亚等地区和国家高校的学员。每期持续时间为 20 天左右，其中，课堂培训 5 天左右，邀请国内外著名专家授课；田野工作 10 天左右，到云南少数民族农村开展调查。暑期学校已在国内外高校产生了巨大影响，部分学员将暑期学校田野调查点作为其学位论文的研究对象，比利时鲁汶大学已把暑期学校计入其研究生培养学分。

六 广泛的交流合作

云南大学民族学、人类学学科与国内外学术界有广泛而密切的学术交流和长期而深入的学术合作。

学者互访频繁。近年来，我们采取"请进来、派出去"的措施推进学术交流合作，每年邀请来云南大学访问与讲学的国外民族学、人类学专家在 20 人次左右，其中包括美国后现代人类学代表人物马库斯（George E. Marcus）、中国台湾"中央研究院"院士黄树民和王明珂、日本著名人类学家渡边欣雄、韩国人类学学会原会长全景秀等一批国际知名专家。同时，每年应邀到北美、欧洲、澳洲、日本、韩国、东南亚、南亚以及中国台湾、中国香港访问与参加国际学术会议的专家在 20 人次左右。

主办与承办高端学术会议。近年来，主办或承办了"国际人类学与民族学联合会第十六次大会""全球化与东亚社会文化——首届东亚人类学论坛""中国西南与东南亚的族群互动国际学术会议"等一系列大规模、高层次的学术会议，每年举办国际学术会议 2 次左右，其中，"国际人类学与民族学联合会第十六次大会"为国际人类学与民族学联合会（IUAES）首次在中国举办的学术大会，来自全球 116 个国家和地区的 4000 多名学者齐聚云南大学，参加了主旨发言、专题会议、名家讲座、人类学影片展映、学术展览、文化考察等系列活动，议题涉及文化、种族、宗教、语言、历史、都市、移民、法律、社会性别、儿童、生态环境、旅游、体育等 36 个领域和学科，仅学术专题会议就达 217 场之多。云南大学民族学、人类学学科的教师不仅承担了大量的筹备工作和会务工作，而且有 8 人次担任了专题会议主席、32 人次提交了论文并做学术演讲。

积极争取国际学术话语权。云南大学民族学、人类学努力争取国际学术话语权，于 2009 年与韩国、日本等国学者共同发起"东亚人类学论坛"并已在中国昆明、日本京都和韩国乌龙县成功举办了三次会议，又于 2011 年与韩国、日本等国学者共同发起"东亚山岳文化研究会"，已在韩国、中国和日本成功举办了四次会议。

推进科学研究的国际合作。与日本国立民族学博物馆合作开展"中国西南边境的跨国流动与文化动态"项目研究，举办了国际学术研讨会，研究成果分别以中文和日文结集出版；与泰国清迈大学合作开展的"昆（明）-曼（谷）公路的人类学调查与研究"项目已经启动。

长期稳定的国际交流合作机制已经形成。目前，与比利时鲁汶大学、泰国清迈大学、英国女王大学、台湾政治大学、台湾大学、韩国岭南大学、联合国大学、新西兰坎特伯雷大学等近 30 所高校签订了学术交流合作协议,实施了一系列的互派教师、合作培养研究生、共同举办学术会议与开展科学研究等合作项目。

中国高等教育的重大发展战略"双一流"建设近期将正式启动,云南大学按照"一流学科"的建设目标全力推进民族学的学科建设,其中的部分调查研究成果将汇入"云南大学西南边疆少数民族研究中心文库"并交由社会科学文献出版社出版。该文库是云南大学民族学"一流学科"建设成果的展示窗口,更是云南大学民族学与学界及社会的交流与讨论平台。恳请学界名家、青年才俊和各界有识之士垂意与指教,以共襄中国民族学的发展大业!

何 明

2017 年 8 月 20 日草于昆明东郊白沙河畔寓所

目　录

绪　论

一　问题意识

（一）自身经历

2012 年放假回老家的时候，和一位准备结婚的朋友聊天时，她向我抱怨：她是"不招不嫁"，双方家长在婚前商议婚礼和婚后孩子姓氏问题上意见不合，以致他们的婚礼只能一拖再拖。当时我并没有非常在意这件事情，但也开始关注朋友提到的"不招不嫁"这种婚姻形式，那时候凤翔村很多在外工作的年轻人都采取了这种婚姻形式，且很多人的"另一半"往往来自其他的村寨、县城甚至其他省，婚姻缔结的范围不再以本村为主。最初关注"不招不嫁"这种婚姻形式的时候，我更多看到的是这种新出现的婚姻形式带来的好处，比如可以照顾两边的父母、不送聘礼等。2013 年初，我与男朋友在双方家人的催促下准备结婚，没想到也遇到了之前朋友遇到的问题，双方家长就"嫁"或"招"持有不同意见，这时候我才理解朋友当初的苦衷，发现"不招不嫁"并没有我想得那么简单，也并不是一种完美的选择。相反，很多事情充满着争执、矛盾，仔细打听之后发现这不只是我们遇到的问题，很多采取了"不招不嫁"这种婚姻形式的朋友或多或少遇到了一些问题，有的甚至因为这些问题退婚、离婚。

我和男朋友原以为结婚就是举行一个婚礼那么简单，但从商议婚礼细节开始就出现了一系列的争执，远远超出了我们的意料。

男朋友家住在洱源县城,他爷爷那一辈从大理五里桥迁入洱源,我家住在离县城18公里的凤翔白族村,两家相隔大约半个小时的车程。当时两家父母的一些想法都是通过我和男朋友来传话,我母亲提出要"不招不嫁",其余的礼节从简。为了表示对婚事的重视,2013年8月,男朋友的姑妈等一些亲戚①来到我家,双方亲戚在一起吃了一顿饭,算是订婚仪式。相比白族传统婚礼的程序,订婚仪式非常简单,没有请"媒人",也没有烦琐的仪式。订婚仪式中,男朋友家的亲戚代表向我的父母表达了他家希望的是娶媳妇,并征求聘礼的具体数目,即男方家应该送多少聘礼。在这个问题上,男朋友父亲当时的态度是只要女方家开口,要多少就送多少聘礼,前提就是要娶媳妇。我的父母亲拒绝接受聘礼,并提出"姑娘不能嫁",考虑到双方家庭的实际情况②,要结婚只能是"不招不嫁",倘若男方家坚持要娶媳妇的话,那么我的父母也会坚持招女婿。男朋友的姑妈看出我父母亲态度坚决,最后两家选择了"不招不嫁",结婚以后两边的家庭都要照顾。双方最后达成"不招不嫁"的婚姻形式,聘礼也就不用送了,婚礼在我家和男朋友家各举办一次。

在将这桩婚事定位为"不招不嫁"之后,男朋友的姑妈代表男朋友家提出在婚礼当天要来我家接媳妇,那样婚礼会更加热闹。这个提议很快被我的父母拒绝了,他们认为既然是"不招不嫁",那就在男朋友家和我家各举办一次婚礼,不存在"接媳妇"这个仪式,如果男方一再坚持婚礼当天前来接媳妇也可以,那么到女方家举办婚礼的那天也会请亲戚朋友去男方家接新郎,并给新郎更名换姓(原因将在后文中做详细阐述)。我的父母认为既然是"不招不嫁",如果男方家来接媳妇,别人还以为他们把女儿嫁出

---

① 传统上姻亲商谈需要专门请一位媒人在双方之间传话、周旋,现也有请亲戚朋友来帮忙商谈婚礼的一些具体事宜。

② 男朋友有一个哥哥,我有一个弟弟,双方家庭都有两个孩子,倘若"娶媳妇"或"招女婿"的话,其中一方的一个孩子将完全加入另外一方的家庭。

去了。于是，最后决定在男方家和我家各举办一次婚礼，我在婚礼前夕自行前往男方家，不举行"接媳妇"的仪式。婚礼前夕双方就婚后所生孩子的姓氏也展开过讨论，但并没有达成最后的一致意见，初步决定女方和男方用各自的姓为其取名字，至于户口簿上用哪一个名字，则由孩子的父母亲决定。在一系列的"谈判"之后，婚礼才如期举行。

在婚前的"谈判"中，我曾试图向父母说明不管是"嫁"还是"不招不嫁"，以后我们都一定会负责双方父母的养老等问题，并表明这就是一个仪式而已，让他们不要太在意。由于男朋友在下关工作，我和男朋友婚后既不在我家住，也不在男友家住，有了孩子之后孩子大多数的时间肯定是和我们在一起，不可能长期在洱源或者凤翔村生活学习，因此对于我们来说，婚礼仪式怎么举行，孩子跟谁姓这些问题并没有多大的意义。而我的母亲当时就反问一句："你是不是想嫁人？以后都不管我们家了？"这让我很难理解。父母后来还给我解释了"不招不嫁"的各种理由：我是家里的长女，要承担起家里的责任；弟弟以后结婚要是能娶媳妇最好，但如果他也是"不招不嫁"，我又嫁了，他们觉得似乎家中子女都离开了他们；爷爷只有父亲一个儿子，子嗣单薄，现在我作为家中的老大应该留在家中；家里供我读到博士，现在就这么收聘礼把我嫁了，别人以为他们连个女儿都养不起。男朋友家在这件事情上也有想法，男友的父亲觉得在这桩婚姻的缔结中他遗憾的就是没有"娶媳妇"，而是"不招不嫁"。我和男朋友自始至终对"嫁"还是"不招不嫁"都没有太大的意见，唯一让我们头疼的是，害怕双方家长"谈判"失败或因为争执而发生不愉快，因此我们都在或明或暗地给自己父母做思想工作，好在双方父母也相互让步，最后婚礼总算顺利举行。

在这里所说的"不招不嫁"这个词对我来说其实一点也不陌生，大概从 2000 年开始，这个词就频繁出现在凤翔村村民的口中，我最初的理解就是本村人找了外地的配偶之后，由于双方相隔较远，所以在男方家和女方家各举办一次婚礼，只是仪式的区别而已。而自身的经历让我重新审视"不招不嫁"这个词，并开始关注身边的"不招不嫁"这种婚姻形式。当我问及村里人什么是"不招不嫁"时，很多人的回答是"就是两边在，两边都要照顾了嘛"，听着这个解释似乎一切显得很简单，而当我进一步深入调查的时候发现"不招不嫁"这种婚姻形式的缔结过程并没有那么轻松，每家面临的实际情况不尽相同，争执几乎存在于每一桩"不招不嫁"的案例中。

在第一阶段的调查中，村里的人都说"不招不嫁"这种婚姻形式好，还说"现在大家都是'不招不嫁'了"。在调查的最初阶段，我自己也一度觉得这种婚姻形式确实比传统的嫁娶婚要好，比如不用送聘礼，"省"了接媳妇（或接女婿）等仪式，男方家和女方家都为新人准备了婚房，这样以后生活也很方便。随着调查的进一步深入，我注意到"不招不嫁"这种婚姻形式并非我所想的那么和谐。由于"不招不嫁"这种婚姻形式的仪式和婚后的家庭生活都与传统的白族婚姻家庭形式存在较大差异，在"不招不嫁"的缔结过程中出现了由双方无法在婚礼仪式的问题上达成一致而导致的退婚现象；婚后，一些家庭为了孩子的姓氏争执不休，影响了家庭内部的关系，甚至因此而离婚。这让我对"不招不嫁"这种婚姻形式充满了更多的好奇，到底是什么导致"不招不嫁"这种婚姻形式的出现，既然这种婚姻形式已经被很多村民接受，为何双方家庭对于仪式、孩子姓氏还争执不休，这样的争议到底有何意义，这种婚姻形式的出现对白族社会会产生什么样的影响，这些问题不断地萦绕在我的脑海中。

在进入关于"不招不嫁"相关问题的论述之前，我先对"不招不嫁"这个词进行简单的阐释。"不招不嫁"这个词在凤翔村最早出现在 1985 年，白族称之为"ko^{33} po^{21} no^{33} zo^{41} hu^{33}"，直译过来就是"两边都照顾"的意思，"不招不嫁"是汉语的说法。关于"两边照顾"，这里的"两边"主要指的是缔结婚姻关系的男方和女方家庭，也就是说婚后要承担起照顾两边家庭的责任。"不招不嫁"，从字面意思理解就是既不是"招女婿"也不是"嫁女儿"，是处于"嫁女儿"和"招女婿"的中间状态。目前"不招不嫁"这个词的基本含义包括：首先"不招不嫁"婚姻形式中男方家无须给女方家送聘礼；其次是婚礼在男方家和女方家各举办一次，没有传统的"接媳妇/女婿"等仪式；最后婚后要照顾双方的父母，同时都有权利获得双方家庭的财产。"不招不嫁"和"ko^{33} po^{21} no^{33} z̩o^{41} hu^{33}"这两个词在凤翔村是并用的，当地人之间谈话时，一般用的是"ko^{33} po^{21} no^{33} z̩o^{41} hu^{33}"，和本村之外的其他人尤其是与汉族交流时，为了把意思表达得更清楚，村民选择用"不招不嫁"这个词。在本书中，为了表述的方便及表意的考虑，主要采用"不招不嫁"这个词。"不招不嫁"这个词从出现到现在其含义也在不断发生变化，对"不招不嫁"这个词的发展历史及在不同阶段的具体含义将在第三章进行详细论述。

（二）学术缘起

1. 婚姻家庭与中国社会的变迁

随着新的法律，新的社会结构，新的意识形态，新的人与人之间行为关系的价值在一百年前开始更为有力地破坏传统性的中国家庭和亲属结构的时候，父子同一关系的模式，影响社会变动性的传统因素将逐渐减弱（虽然很难彻底消减）。传统的方式究竟能够在多大程度上适应新的要求，这两者究竟怎样才能有效地结合以达到平衡，我们只有让时间来说话了。[①]

这是许烺光在《祖荫下》一书再版时结尾所说的话，他看到

---

① 许烺光:《祖荫下:中国乡村的亲属、人格、社会流动》，（台北）南天书局，2001，第268页。

父子同一的关系在未来可能会发生变化，因此他对包括西镇（今大理市喜洲镇）在内的中国家庭及亲属关系可能发生的变迁做出了猜测。20世纪80年代以来，许烺光的猜测变成了现实。伴随着剧烈社会变迁，中国的婚姻家庭也在经历着前所未有的变化。

改革开放给中国婚姻家庭带来了巨大的影响，改革开放初期中国城市和农村的家庭结构、生育观念、家庭关系、妇女角色都发生了巨大变化[1]；在计划生育实施的背景下，第一代独生子女[2]出生之后，独生子女父母的居住方式、家庭结构、养老等问题开始出现，研究者也从独生子女父母的居住意愿、养老方式、养老观念出发提出了相关的一些建议[3]。家庭结构、家庭观念、居住方式等的改变对中国社会中占主导的父权制也产生了影响。

父系继嗣、父权和从夫居是父权制的主要特点[4]。其中父系继嗣是中国家庭的重要特点，最直接的表现就是婚后孩子要随父亲姓，继承家庭的血脉。社会在不断发展，父系继嗣的传统在当代

[1] 刘英、薛素珍主编《中国婚姻家庭研究》，社会科学文献出版社，1987；雷洁琼主编《改革以来中国农村婚姻家庭的新变化》，北京大学出版社，1994。
[2] 这里引用了风笑天的概念，第一代独生子女指的是"我国社会中由计划生育政策所产生的第一批已婚独生子女"。详见风笑天《城市独生子女与父母的居住关系》，《学海》2009年第5期。
[3] 穆光宗：《独生子女家庭非经济养老风险及其保障》，《浙江学刊》2007年第3期；风笑天：《第一代独生子女婚后居住方式——一项12城市的调查分析》，《人口研究》2006年第5期；风笑天：《第一代独生子女父母的家庭结构：全国五大城市的调查分析》，《社会科学研究》2009年第2期；徐小平：《城市首批独生子女父母养老方式选择》，《重庆社会科学》2010年第1期；原新：《独生子女家庭的养老支持——从人口学视角的分析》，《人口研究》2004年第5期；尹志刚：《我国城市首批独生子女父母养老方式选择与养老模型建构》，《人口与发展》2009年第3期。
[4] 父权社会的主要标准参考了布朗的定义："当一个社会具有父系继嗣（即子属于父方的团体）、从夫居婚姻（即结婚时妻子移居夫家）、男子继承财产和承袭地位、家族以父亲为家长（即管理家族的权力操于父亲及其亲属之手）等特征时，我们就可称之为父权社会。另一方面，一个社会只要是按母系继承财产和承袭地位，婚姻从妻居（丈夫搬到妻子的家中）、由妻子的亲属管教孩子，我们就称之为母权社会。"详见〔英〕A.R.拉德克利夫-布朗：《原始社会的结构与功能》，潘蛟等译，中央民族大学出版社，1999，第23页。

中国社会依然有着坚实的地位，但同时也在面临新的挑战。对当代社会父亲的绝对权威学者有不同的看法，阎云翔认为父亲的权威在减弱[1]；而沈奕斐、金一虹等人的研究认为当代中国的社会变迁等并未削弱中国传统的父权制[2]。随着生计方式的变化，血缘、地缘与业缘不再完全重合，传统从夫居也开始发生变化，尤其是对于独生子女家庭来说，从夫居也面临着新的抉择。

不管是对婚姻家庭变迁的研究还是对父权制的关注，目前这些研究都建立在两个基础之上，一是妇女在婚姻中都是以嫁入男方家为前提，婚后的生活围绕男方展开，所生的孩子随父亲姓；二是尽管妇女在家庭中的地位和权力也在不断改变，但在继嗣这个层面，父系继嗣占据了主导，妇女依然是被排除在家庭继嗣行列之外的。

2. 博弈论与婚姻家庭

所谓博弈，是指"决策主体（个人、企业、集团、政党、国家等）在相互对抗中，对抗双方（或多方）相互依存的一系列策略和行动的过程集合"[3]。博弈的形式多种多样，但主要包括四个要素：参与者（Player）、博弈规则（Rule）、结果（Outcome）、收益（Payoff）[4]。博弈论（Game Theory）是 20 世纪 40 年代在美国经济学界产生的一种理论，"是分析存在相互依赖情况下理性人如

---

① 阎云翔：《私人生活的变革：一个中国村庄里的爱情、家庭与亲密关系（1949—1999）》，龚小夏译，上海书店出版社，2006；阎云翔：《中国社会的个体化》，陆洋等译，上海译文出版社，2012。

② 沈奕斐：《后父权时代的中国：城市家庭内部权力关系变迁与社会》，《广西民族大学学报》（哲学社会科学版）2009 年第 6 期；金一虹：《流动的父权：流动农民家庭的变迁》，《中国社会科学》2010 年第 4 期。金一虹对流动农民家庭的研究发现，持续规模化的流动破坏了血缘和地缘重合的中国父权制家庭，虽然流动带来了居住方式、家庭权力等家庭制度的变迁，但家庭制度的变迁具有消解传统和传统重构的双重作用，家庭父权制在流动变化中得以延续和重建，父权制家庭的父系世系核心未发生根本的改变。

③ 姚国庆：《博弈论》，南开大学出版社，2004，第 5 页。

④ 姚国庆：《博弈论》，南开大学出版社，2004，第 14—16 页。

何决策的理论工具"①。人类学研究中也常借用博弈来进行分析研究，例如巴特对斯瓦特人社会生活的分析②，但总的来说，目前博弈在人类学中主要用来分析政治制度及权力关系，目前还未见专门用于婚姻家庭的分析。

根据我对"不招不嫁"这种婚姻形式的调查，我认为这种婚姻形式本身就是一场博弈，双方家庭之间的博弈贯穿整个婚姻缔结的过程及婚后的生活。婚礼仪式如何举行、婚后孩子姓氏怎样选择、去哪家过节、谁来带孩子等问题都是双方家庭围绕"不招不嫁"展开的博弈；这个过程也是传统与现代之间博弈的过程。近年来由出生孩子的姓氏问题导致离婚、对簿公堂的事件在全国各地都有发生③，在这些案例中，"争夺""战争""离婚""冲突"等一些词语充斥其中，足以窥视当代婚姻家庭因孩子姓氏问题而展开的博弈之激烈。从小的方面来说，只是一个姓氏的问题，只是双方家庭之间的博弈，但从更广阔的视角来看，这些冲突及矛盾的出现说明作为社会最基本细胞的家庭出现了问题——独生子女增多，四个老人两个家庭一个孩子的情况普遍出现。随着独生子女的增多，嫁娶的界限不断模糊，两边父母的养老问题、未来孩子的姓氏选择等都成为很多家庭所面临的难题，中国以"男娶女嫁"及父系继嗣为主的传统面临新的挑战，这也是传统与现代之间的一种博弈。因此我将借用博弈论及相关概念来对"不招不

---

① 张维迎：《博弈与社会》，北京大学出版社，2013，第32页。
② 〔美〕弗雷德里克·巴特：《斯瓦特巴坦人的政治过程：一个社会人类学研究的范例》，黄建生译，上海人民出版社，2005。
③ 可参见《姓氏争夺战：苦了孩子》，http://news.sina.com.cn/s/2009-12-15/183019266264.shtml；《孩子的姓氏争夺战》，http://city-hzrb.hangzhou.com.cn/system/2010/08/30/010901392.shtml；《争孩子姓氏 夫妻俩闹上法庭》，http://digi.dnkb.com.cn/dnkb/html/2014-03/25/content_311936.htm；《宁波现单独二胎姓氏之争 夫妻因此闹离婚》，http://zj.sina.com.cn/news/d/2014-10-23/detail-iawzunex4291979.shtml；《小夫妻为争孩子姓氏闹离婚 两家曾肢体冲突》，http://news.qq.com/a/20141105/003373.htm? tu_biz=v1，2014年11月8日引用时未更新。

嫁"进行分析，希望能将"不招不嫁"这种婚姻形式较全面地呈现出来，这也是将博弈论运用于婚姻家庭研究的一种尝试。

博弈论分为合作博弈（Cooperative Game Approach）和非合作博弈（Non - Cooperative Game Approach），其中正和博弈属于合作博弈，零和博弈和负和博弈属于非合作博弈。为更好地在本书中运用这些词语，在此先对其做出概念界定。

正和博弈（Positive - Sum Game）：在博弈过程中，既考虑自身的利益，也适当考虑对方的利益，在此基础上相互之间在冲突中有妥协、合作和让步，从而形成"共赢"的结果。正和博弈追求的是集体利益最大化[①]。

零和博弈（Zero - Sum Game）：指的是其总的赢取或者支付是固定的，例如赌博的时候，一人赢了1元，总有另一人输了1元[②]。也就是说在博弈过程中，一方（几方）有所得，另一方（几方）就必定有所失。

负和博弈（Negative Sum Game）：指在博弈过程中，双方（各方）为了实现自身的利益而互不相让，最后导致双方（各方）在博弈中都未达到自己的目的，形成"共输"的局面[③]。

3. 传统的重构

吉登斯提到"现代性在其发展历史的大部分时期里，一方面，它在消解传统；另一方面，它又在不断重建传统"[④]。在《社会的构成》一书中吉登斯认为"在社会的结构化过程中，人具有其能动性同时也受着客观存在场景的制约"[⑤]。一方面，"结构化理论中的

[①] 张维迎：《博弈与社会》，北京大学出版社，2013，第105—107页。

[②] 〔美〕威廉姆·庞德斯通：《囚徒的困境：冯·诺伊曼、博弈论和原子弹之谜》，吴鹤龄译，北京理工大学出版社，2005，第64—65页。

[③] 张维迎：《博弈与社会》，北京大学出版社，2013，第105—107页。

[④] 〔英〕安东尼·吉登斯：《生活在后传统社会中》，〔德〕贝克、〔英〕吉登斯、〔英〕拉什：《自反性现代化：现代社会秩序中的政治、传统与美学》，赵文书译，商务印书馆，2001，第72页。

[⑤] 〔英〕安东尼·吉登斯：《社会的构成：结构化理论大纲》，李康、李猛译，生活·读书·新知三联书店，1998，见王铭铭译序，第9页。

'结构'指的是社会再生产过程里反复涉及到的规则与资源"①,这些规则和资源是制约人们能动性的客观存在;但另一方面,人具有实践意识(Practical Consciousness),即"行动者在社会生活的具体情境中,无需明言就知道如何'进行'的那些意识"②,实践意识通过行动主体在具体的情境中发挥其认知能力。结构并不等于制约,"从某种特定的意义上来说,结构作为记忆痕迹,具体体现在各种社会实践中,'内在于'人的活动"③。吉登斯强调通过日常生活去观察结构与实践的关系。吉登斯所阐释的结构也体现着一种变迁的过程,在这个过程中,行动者发挥能动性对所面临的变化积极应对,在这个过程中,再生产新的结构(规则与制度)。

一系列的研究及社会事实说明当代社会是一个急剧变迁的社会,传统社会在不断遭遇挑战,家庭作为最基本的社会细胞是最先受到冲击的。面对如此剧烈的社会变迁,传统的婚姻家庭如何在新的环境中存续?厘清婚姻家庭的变化对于我们更好地理解当代中国社会有着重要的意义。大理白族"不招不嫁"婚姻形式的出现与整个中国社会发生的变化有着密切的联系,这种婚姻形式的出现让我重新审视中国传统的"嫁娶婚"在当代遇到的问题,以及当代白族女性在"不招不嫁"这种婚姻形式中的角色与地位。这也是许烺光所猜测的生活在"祖先庇护"之下的西镇以及更广泛的中国的家庭和亲属关系在当代发生了的变化。父子同一的关系在当今的大理白族社会是否还如许烺光所描述的那样坚如磐石?如果答案是肯定的,那么在人们的生活环境、生计方式、婚姻圈等都在不断变化的背景下,祖荫在当代社会如何延续?

在这样的背景下,我希望以大理白族"不招不嫁"这种婚姻

① 〔英〕安东尼·吉登斯:《社会的构成:结构化理论大纲》,李康、李猛译,生活·读书·新知三联书店,1998,第52页。
② 〔英〕安东尼·吉登斯:《社会的构成:结构化理论大纲》,李康、李猛译,生活·读书·新知三联书店,1998,第42页。
③ 〔英〕安东尼·吉登斯:《社会的构成:结构化理论大纲》,李康、李猛译,生活·读书·新知三联书店,1998,第89—90页。

形式为切入点，来审视全球化背景下当代中国的婚姻家庭面临的挑战与问题。在这个过程中，借用经济学中的博弈论及相关概念来对"不招不嫁"这种婚姻形式的发生、发展及结果进行分析；结合吉登斯关于社会结构的阐释来分析"不招不嫁"中作为行动主体的人如何发挥其能动性来"重建传统"，以及传统与现代之间的博弈与融合；结合女性人类学的研究视角，分析"不招不嫁"这种婚姻形式对女性权力及地位所产生的影响。

二　研究综述

（一）家庭结构、居住方式及婚姻礼仪研究

中国学界早期对婚姻家庭及亲属关系注重历时性研究，以马克思主义思想为指导，更多关注的是婚姻家庭的演变过程，例如陈克进、詹承绪、付懋勣、李松生等人的研究[①]。20 世纪 80 年代以来，伴随着剧烈的社会变迁，中国的婚姻家庭也在经历着前所未有的变化，雷洁琼等人最早注意到了改革开放初期城市和农村的家庭结构、生育观念、家庭关系、妇女角色在中国发生的巨大变化[②]。在前人研究的基础上，学界对婚姻家庭及亲属关系的研究不断深入，从不同的视角呈现了婚姻家庭的现状及未来可能的发展趋势。

1. 家庭结构的变化及独生子女家庭研究

中国传统社会中强调以父系为主的亲属集团，许烺光的研究全面呈现了以父子为中心的亲属集团是如何运作的。他根据 20 世纪 40 年代对西镇人的调查写成《祖荫下》一书，围绕西镇人的婚姻形式、家庭关系、祖先崇拜展开，对西镇人"家"的过去、现在以及未来

① 陈克进：《从原始婚姻家庭遗俗看母权制向父权制的过渡》，《民族研究》1980 年第 1 期；詹承绪：《永宁纳西族母系父系并存家庭试析》，《中国社会科学》1981 年第 4 期；付懋勣：《永宁纳西族的母系家庭和亲属称谓》，《民族研究》1983 年第 3 期；李松生：《我国某些民族中的马来式亲属制》，《中山大学学报》1983 年第 3 期。
② 刘英、薛素珍主编《中国婚姻家庭研究》，社会科学文献出版社，1987；雷洁琼主编《改革以来中国农村婚姻家庭的新变化》，北京大学出版社，1994。

做了非常详细的分析。许烺光试图通过西镇社会来解释更广阔的中国社会。此外，弗里德曼的宗族研究也是对以男性为主的父系社会的关注①。尽管他们的研究并不能代表整个中国社会，但这些研究总体上呈现了中国社会以父系为主的亲属网络。随着中国社会的不断发展，计划生育政策的实施，以父系为主的家庭结构及社会发生了很大的变化，王跃生、阎云翔、风笑天等人的研究为我们呈现了这种变化。

（1）家庭结构的变化及个体化现象

中国当代家庭结构已从传统的大家庭向以夫妻为主的小家庭过渡。王跃生对中国家庭结构个体家庭—网络家庭—亲属圈家庭的变化做了细致的分析：在中国近代之前传统时期个体家庭由于具有抚幼养老的功能而受到推崇，近代以来多子分爨导致网络家庭逐渐取代个体家庭，在当代社会尤其是随着独生子女的大量出现，双系网络家庭不断增加。从个体家庭到双系网络家庭的过渡中，亲属圈及其所发挥的作用不断减弱，甚至在两代及以上均为独生子女的家庭中趋于消失②。这种家庭结构的变化对亲属关系网络及社会都会产生影响。

费孝通在 20 世纪 80 年代初期就注意到中国家庭结构的变化，他提到引起这种变化的一个重要原因就是农村体制改革带来的生计方式、生活观念的改变。③ 王思斌认为 20 世纪 50 年代到 90 年代这 40 年间，在社会经济发生变动的大背景下，新婚姻观念的出现导致农村就近缔结婚姻，尤其是村内婚现象增多，这使得农村社会关系进一步亲属化，这对农村的社会经济会产生深远的影

---

① 〔英〕莫里斯·弗里德曼：《中国东南的宗族组织》，刘晓春译，上海人民出版社，2000。

② 王跃生：《个体家庭、网络家庭和亲属圈——历史与现实相结合的视角》，《开放时代》2010 年第 4 期；王跃生：《当代中国家庭结构变动分析》，《中国社会科学》2006 年第 1 期。

③ 费孝通：《三论中国家庭的变动》，《北京大学学报》（哲学社会科学版）1986 年第 3 期。

响①。李飞龙选取了多个田野点，从历时的视角关注了 1950—1985 年在社会变迁背景下中国农村婚姻家庭的变迁，将婚姻家庭与社会变革联系起来②。类似的还有赵喜顺对家庭联产承包责任制实施以来对家庭产生影响的研究③。这些研究将婚姻家庭及亲属关系的变化置于国家政策变迁的背景下进行讨论，展现了亲属关系与国家之间的互动。阎云翔对下岬村私人生活变革的研究也注意到了国家对婚姻家庭及亲属关系的影响。

　　阎云翔对 1949—1999 年下岬村的婚姻、家庭、亲密关系的变迁进行了研究，他特别关注到个人因素在这个变迁中发挥的作用以及国家在私人生活变革中扮演的角色④。阎云翔认为在私人生活的变革中，自我中心式的个人主义在急剧增长，逐渐代替过去以家庭或集体为重的格局，这种变迁越来越明显地通过个人在婚姻、家庭中的实践呈现出来，例如农村分家模式的变化便是其中的一种实践。阎云翔认为农村经济改革促使个人财产观念发展，提前分家成为积累个人财富的开始，婚姻当事人在婚姻中的支配作用越来越大，还未过门的媳妇从婚姻谈判开始就通过各种方式为婚后建立小家庭而积累财富⑤。阎云翔在他的研究中体现了姻亲关系在婚姻家庭中发挥的作用，是较早注意到姻亲关系的研究者。此外，沈奕斐从个体化的

① 王思斌：《婚姻观念的变化与农村社会亲属化》，《农村经济与社会》1990 年第 5 期。
② 李飞龙：《社会变迁中的中国农村婚姻与家庭研究（1950—1985）》，中共中央党校博士学位论文，2010。
③ 赵喜顺：《农村实行家庭联产承包责任制后家庭结构、职能的变化》，《社会科学研究》1983 年第 5 期。
④ 阎云翔：《私人生活的变革：一个中国村庄里的爱情、家庭与亲密关系（1949—1999）》，龚小夏译，上海书店出版社，2006；阎云翔：《中国社会的个体化》，陆洋等译，上海译文出版社，2012。
⑤ 阎云翔：《家庭政治中的金钱与道义：北方农村分家模式的人类学分析》，《社会学研究》1998 年第 6 期。其他关于中国农村分家的相关研究还有：麻国庆：《分家：分中有继也有合——中国分家制度研究》，《中国社会科学》1999 年第 1 期；王跃生：《集体经济时代农民分家行为研究——以冀南农村为中心的考察》，《中国历史》2003 年第 2 期；李树苗、靳小怡、费尔德曼：《中国农村子女的婚姻形式和个人因素对分家的影响研究》，《社会学研究》2002 年第 4 期；张尔升、蒋咏涛：《分家制度对农村经济发展的影响》，《社会科学战线》2003 年第 3 期。

视角出发，通过对上海46户家庭的调查，呈现了当代社会城市家庭结构的多样化及背后的逻辑。沈奕斐认为在个体化的观念和生活方式影响下，当代城市家庭在结构形态上呈现高度的可塑性，很难看到传统的家族主义的结构，个体与家庭之间的关系非常密切①。

（2）独生子女父母的养老及孩子的归属问题研究

20世纪70年代末中国计划生育政策实施以来，关于独生子女的相关研究也不断涌现，据风笑天2002年对独生子女问题研究的统计，计划生育政策实施20多年来从心理学和教育学的视角对独生子女进行的研究占据了主要地位，他同时也提出关于独生子女的婚姻与家庭问题还可以进一步探讨②。到2014年，计划生育政策在中国已经实施了30多年，研究者们从最初关注独生子女这一群体本身转向将独生子女置于更广阔的社会关系中进行研究，其中独生子女父母的养老问题以及独生子女所生孩子的归属问题是讨论的核心问题。

中国传统文化中有多子多福、养儿防老的思想，"独生子女"政策的实施在一定程度上带来了独生子女父母养老的难题。"独生子女的唯一性意味着独生子女一旦离开父母，就会给其父母的晚年生活带来很大影响"③。风笑天等研究者从社会学、人口学的角度对第一代独生子女父母的居住方式、家庭结构、养老问题等进行了深入的调查，从独生子女父母的居住意愿、养老方式、养老观念出发提出了相关的一些建议④。从目前已有的研究来看，独生子女父母养老依然面临很

---

① 沈奕斐：《个体家庭iFamily：中国城市现代化进程中的个体、家庭与国家》，上海三联书店，2013。
② 风笑天：《中国独生子女研究：回顾与前瞻》，《江海学刊》2002年第5期。
③ 徐俊、风笑天：《我国第一代独生子女家庭的养老问题研究》，《人口与经济》2011年第5期。
④ 穆光宗：《独生子女家庭非经济养老风险及其保障》，《浙江学刊》2007年第3期；风笑天：《第一代独生子女婚后居住方式——一项12城市的调查分析》，《人口研究》2006年第5期；风笑天：《第一代独生子女父母的家庭结构：全国五大城市的调查分析》，《社会科学研究》2009年第2期；徐小平：《城市首批独生子女父母养老方式选择》，《重庆社会科学》2010年第1期；原新：《独生子女家庭的养老支持——从人口学视角的分析》，《人口研究》2004年第5期；尹志刚：《我国城市首批独生子女父母养老方式选择与养老模型建构》，《人口与发展》2009年第3期。

多难题，不仅是生活上的需要，还有情感的依托。随着时间的推移，越来越多的父母都将面对这样的难题。此外，已婚独生子女的家庭结构、夫妻权力也是研究者关注的问题①。计划生育政策的实施不仅带来了独生子女父母的养老问题，也带来了独生子女婚后所生孩子的归属难题，其最重要的表现就是独生子女所生孩子姓氏选择的难题。

中国人的传统观念中，孩子随父亲姓似乎是天经地义的事情，且象征着孩子承继了父亲的血脉，独生子女的出现动摇了孩子从父姓的传统。关晓敏对"80后"遇到"独二代"的姓氏之争进行了阐述，并提出了一些建议来应对姓氏之争问题②。曹丽娟以5对"80后"夫妇为具体个案来分析姓氏之争存在的原因以及现实中人们不同的应对方式，比如给孩子取两个名字、采用复姓或者生两个孩子等，但姓氏依然是一个难以解决的问题③。曹丽娟的研究发现姓氏之争主要出现在很多"80后"的独生子女中，换一种说法即这种姓氏之争的出现与计划生育政策有着一定的联系。曹丽娟也提到"姓氏之争"受到中国传统观念的影响，但她并未就此做深入探究。我认为应该将这个问题置于中国社会的文化背景中去分析，即对"姓氏之争"背后的文化及情感意义进一步追寻。

2. 新型居住方式及女性在婚姻家庭中的地位研究

（1）居住方式的变化

中国传统的婚姻中，嫁女会改变女儿的居所和身份，女儿出嫁之后便住到丈夫家加入男方的亲属集团。随着生计方式的改变和生活观念的变化，这种"从夫居"的居住方式发生了很大的变化。刘

① 风笑天：《已婚独生子女身份与夫妻权力——全国五大城市1216名已婚青年的调查分析》，《广西民族大学学报》（哲学社会科学版）2011年第5期；风笑天：《城市独生子女与父母的居住关系》，《学海》2009年第5期。
② 关晓敏：《"80后"婚嫁现象探析——"独二代"的姓氏之争》，《法制与社会》2011年第9期；还可参照沈奕斐《个体化与家庭结构关系的重构——以上海为例》，复旦大学博士学位论文，2010。
③ 曹丽娟：《"80后"婚姻中的姓氏之争》，《当代青年研究》2013年第3期。

华芹在《农村"新居制"及其影响研究——以山东明村为例》一文中分析了在劳动力市场和婚姻市场共同作用下,当代中国农村出现的"新居制"很流行,即农村的年轻人婚后在小城市购买楼房居住,而父母依然住在农村。"新居制"的出现也是城市化进程的一部分,这一居住模式对传统乡村社会既有积极影响也有消极影响。在此文中作者已经提出长远地来看"新居制"造成的子女与双方父母居住的分离可能带来的一些问题①。刁统菊注意到由于独女户的增多,婚后存在的双边居或三边居带来了很多问题,其中最主要的是产生了新的"类空巢家庭",所谓类空巢家庭,是由嫁女和丈夫在双方父母身边轮流居住造成的,独生子女结婚甚至同时形成两个类空巢家庭②。婚姻中居住方式的改变不仅对传统的从夫居是一个极大的挑战,同时也将带来从夫居背后一整套社会文化体系的变化。

(2)婚姻家庭中关于女性的研究

传统婚姻家庭的研究对于女性及围绕她们所建立的亲属集团和社会关系没有给予太多的关注。随着女性主义思潮的到来,很多学者开始反思女性在婚姻家庭中的角色与地位。女性主义研究者关注性别、文化对性别的建构等一系列问题,目前在中国关于女性主义的研究主要是从社会学的视角出发,且集中在两个方面,一是对女性主义的理论、知识体系及本土化的研究③;二是对女性主义研究方法及视角的探讨④。这些研究对于中国的女性主义研究

① 刘华芹:《农村"新居制"及其影响研究——以山东明村为例》,《思想战线》2013 年第 4 期。
② 刁统菊:《娘家人还是婆家人:嫁女归属问题的民俗学研究》,《文化研究》2012 年第 1 期。
③ 潘杰:《女性人类学概说》,《民族研究》1999 年第 4 期;吴小英:《女性主义的知范式》,《国外社会科学》2005 年第 3 期;孙莉莉:《浅析女性主义本土化的困境》,《西安社会科学》2010 年第 3 期。
④ 周华山:《女性主义田野研究的方法学反思》,《社会学研究》2001 年第 5 期;白志红:《女性主义人类学视野下的亲属关系研究》,《云南社会科学》2004 年第 4 期;白志红:《早期人类学研究中女性的在场与缺席》,《云南社会科学》2005 年第 6 期。

有着重要的意义。近年来，研究者开始将女性主义与实际的田野相结合进行研究，对联姻双方关系的研究从以男方家庭为主转向关注女方家庭及出嫁女子与娘家人关系的探讨①。李霞以娘家—婆家为分析框架，以"女性的视角、实践的观点和情感的线索"来看一个汉族人村落中娘家人在妇女的不同人生历程中发挥的作用②。李霞的研究没有单纯强调娘家的作用，而是很巧妙地通过日常生活中的实践将娘家和婆家联系起来，既突出了娘家人是出嫁妇女的重要后台权力，同时也展现妇女从"娘家人"向"婆家人"这一身份转换的漫长过程。刁统菊在《娘家人还是婆家人：嫁女归属问题的民俗学研究》一文中认为女儿出嫁并不意味着从此会疏远或者脱离娘家人，相反，娘家人依然是出嫁女儿的坚强后盾，娘家人可以通过各种间接的方式在文化许可的范围内与嫁女互动，由嫁女产生的姻亲关系是日常生活中的重要关系，嫁女与娘家人之间的关系无法割断。除了建立在婚姻基础之上的姻亲关系，研究者还注意到拟制姻亲关系，王越平对越南嫁入中国的壮族媳妇"拜后家"进行研究，对这种拟制姻亲关系出现的原因进行了详细的分析③。这也从另一角度说明了姻亲关系对于出嫁女子的重要意义。

　　拟制姻亲关系中血缘的因素被忽略，新型生殖技术下的新型亲属关系中血缘同样不是决定性因素④。捐献精子，捐献受精卵，

---

① 刁统菊：《娘家人还是婆家人：嫁女归属问题的民俗学研究》，《文化研究》2012年第1期；刁统菊：《不对称的平衡性：联姻宗族之间的阶序性关系——以华北乡村为例》，《山东社会科学》2010年第5期；刁统菊：《亲属制度研究的另一路径——姻亲关系研究述评》，《西北民族研究》2009年第2期；李霞：《娘家与婆家——华北农村妇女的生活空间和后台权力》，社会科学文献出版社，2010。

② 李霞：《娘家与婆家——华北农村妇女的生活空间和后台权力》，社会科学文献出版社，2010。

③ 王越平：《中越边境壮族跨国婚姻中的"拜后家"研究——以云南河口县中寨村为例》，《民族研究》2010年第6期。

④ 陈亚亚：《女同性恋者的婚姻和家庭给传统婚姻制度带来的挑战》，《社会》2009年第4期；王丽萍：《同性婚姻：否定、接受还是对话？——法律、道德与伦理文化的审视》，《文史哲》2004年第4期；康娜：《解读婚姻"身份危机"——来自同性婚姻的挑战》，《山东青年政治学院学报》2008年第1期。

传统亲属关系中血缘这一决定性因素被改变，这让人们重新考虑到底什么是亲属关系①。目前来说不同学者对新型生殖技术带来的影响持有不同的看法："一些学者认为新生殖技术已经改变了人们对亲属关系的理解，而另一些学者则认为新生殖技术的应用极大地受制于传统的亲属观念。"② 新型生殖技术对传统亲属观念，尤其是对强调以血缘为基础的中国社会的冲击是不言而喻的。目前关于新型生殖技术对婚姻家庭的影响更多的是从法律的视角和伦理道德出发进行研究③，而从人类学视角进行的研究还比较少。

3. 婚姻礼仪的研究

婚姻礼仪在婚姻缔结过程中有着丰富的文化和社会含义，是婚姻研究中最易被研究者关注的对象。婚姻礼仪的功能、婚礼中的聘礼和嫁妆是婚姻礼仪研究中的重要方面。

（1）婚姻礼仪的功能研究

婚姻礼仪对于婚姻当事人及所在社会都有着重要的意义。首先是结婚当事人通过婚姻礼仪的举行获得社会的承认。李飞龙对20世纪50年代到80年代农村婚礼仪式的社会功能进行历时性研究，认为婚姻礼仪是结婚双方取得社会认同的重要方式，通过婚

---

① E. Teman, "The Medicalization of 'Nature' in the 'Artificial' Body: Surrogate Motherhood in Israel Med. ," *Anthropol*, 2003, 17（1）: 78 - 98; Jeanette Edwards, "Donor Siblings: Participating in Each Other's Conception," *Hau Journal of Ethnographic Theory*, 2013, 3（2）: 281 - 284; Marshall Sahlins, *What Kinship Is-And Is Not*, Chicago: University of Chicago Press, 2013; Corinne P. Hayden, "Gender, Genetics, and Generation: Reformulating Biology in Lesbian Kinship," *Cultural Anthropology*, 1995, 10（1）: 41 - 63.

② 南希·E. 列文:《同性恋的婚姻、生育和亲属制度》，周云水译，《思想战线》2010 年第 1 期。

③ 李晟然:《浅析代孕行为相关法律问题》，《中国性科学》2012 年第 8 期; 曹新民:《现代生殖技术的民法学思考》，《法商研究》2003 年第 4 期; 许莉:《供精人工授精生育的若干法律问题》，《华东政法学院学报》1999 年第 4 期; 杨遂权、钟凯:《从特殊群体生育权看代孕部分合法化》，《社会科学研究》2012 年第 3 期; 樊浩:《基因技术的道德哲学革命》，《中国社会科学》2006 年第 1 期; 方德静:《人工辅助生育子女的伦理与法律思考》，《中国性科学》2013 年第 1 期; 方宁:《试论基因技术的伦理问题》，《理论月刊》2009 年第 5 期。

姻礼仪，结婚双方获得社会权威和公众的承认①。正如韦斯特马克所说："从普遍的意义来说，婚姻礼仪的社会目的在于使男女的结合具有一种公开性。"② 其次是婚姻礼仪与社会秩序之间的关系研究。吉国秀以婚姻礼仪的变迁为切入点，将婚礼仪式置于广阔的社会网络中，探讨民众在社会变迁中如何通过婚姻礼仪的变迁来重构社会网络③。她的研究将人在婚姻礼仪变迁过程中的能动性很好地展现出来。张建军在对广西布傣人的人生礼仪（婚礼、生育等礼仪）研究中，强调仪式在人生礼仪中的表演、交流、认同等文化意义及功能，这些人生礼仪用以建构和调整社会秩序④。一些研究者从消费文化、面子文化、人情关系的视角来对婚姻礼仪进行研究，认为城市婚姻礼仪中通过婚礼仪式中的消费物来体现个人的社会地位、面子，乡村社会复杂人情关系则淋漓尽致地体现在婚礼中⑤。此外，婚姻礼仪的综述性研究中，对婚姻缔结过程中的"六礼"⑥ 习俗的研究，以及从历时的角度呈现不同社会背景下婚姻礼俗的差异的研究也比较多⑦。

---

① 李飞龙：《20世纪50—80年代农村婚姻礼仪的社会功能》，《重庆社会科学》2011年第10期。

② 〔芬兰〕韦斯特马克：《人类婚姻史》（2），李彬译，商务印书馆，2002，第827页。

③ 吉国秀：《婚姻仪礼变迁与社会网络重建——以辽宁省东部山区清原镇为个案》，中国社会科学出版社，2005。

④ 张建军：《布傣人的人生礼仪与秩序建构》，广西民族大学硕士学位论文，2008。

⑤ 杨棪：《符号消费视野下的现代城市婚礼仪式》，兰州大学硕士学位论文，2008；张涛：《面子理论视角下的婚姻仪式研究》，黑龙江省社会科学院硕士学位论文，2009；尹丽超：《面子理论视角下农村婚礼仪式的研究》，哈尔滨工程大学硕士学位论文，2012；杨成胜、任慧明：《乡村婚礼中的人情建构与差序格局——以黑龙江联众村为例》，《湖南医科大学学报》（社会科学版）2009年第4期。

⑥ 六礼：纳采、问名、纳吉、纳征、请期、亲迎。

⑦ 曲彦斌：《中国婚礼仪式史略》，《民俗研究》2000年第2期；陈华文：《婚姻习俗与文化》，黑龙江人民出版社，2004。

（2）聘礼与嫁妆的多重意义

聘礼与嫁妆是婚姻研究中不可回避的一部分。综述性的研究如刁统菊对婚姻中聘礼及嫁妆的学术史回顾，嫁妆的象征意义分析[①]；瞿明安对中国少数民族聘礼的种类、聘礼的运作规则及聘礼的作用的比较研究，为我们呈现婚姻缔结中聘礼及嫁妆的概况[②]；刁统菊通过对红山峪村历史上婚姻偿付变化的梳理，认为婚姻偿付中"聘礼有助于确立和巩固联姻家族之间的姻亲关系，嫁妆则可以维护亲属关系的结构，帮助平衡、协调姻亲之间的正常往来"[③]。刘华芹、王修彦则从行为认知这个角度入手，通过婚姻中男方家长的心理来分析高价婚姻支付在中国普遍存在的原因。研究者认为，"为儿子提供婚姻支出，解决儿子的婚姻问题，已经成为男方父母的理想，成为他们的人生意义，是其实现价值的一种甚至是唯一的方式"[④]，这才是高价婚姻支付存在的重要动力机制。对嫁妆和聘礼的研究从以往的将其简单归为婚姻买卖的表现过渡到通过文化、心理等更深层次的因素来理解聘礼和嫁妆的意义。这一转变也说明在对婚姻偿付的研究中，我们除了要考虑经济因素之外，更为重要的是要看到"经济的考虑必然包含着文化和社会伦理的意义"[⑤]。

通过回顾 20 世纪 80 年代以来中国婚姻家庭及亲属关系的研究，我们看到研究者对婚姻家庭及亲属关系现状给予了更多关注，

① 刁统菊：《嫁妆来源及象征的多样性分析》，《广西民族研究》2007 年第 1 期；刁统菊：《嫁妆与聘礼——一个学术史的简单回顾》，《山东大学学报》（哲学社会科学版）2007 年第 2 期。
② 瞿明安：《跨文化视野中的聘礼——关于中国少数民族婚姻聘礼的比较研究》，《民族研究》2003 年第 6 期。
③ 刁统菊：《婚姻偿付制度的地方实践——以红山峪村为例》，《民俗研究》2006 年第 4 期。
④ 刘华芹、王修彦：《婚姻支付对男方父母的文化心理意义研究》，《广西民族大学学报》（哲学社会科学版）2010 年第 2 期。
⑤ 刁统菊：《婚姻偿付制度的地方实践——以红山峪村为例》，《民俗研究》2006 年第 4 期。

将婚姻家庭及亲属关系置于更广阔的背景下进行研究，如将婚姻家庭与国家、权力等联系起来。在前人研究的基础之上，我认为还可以在以下几个方面不断深入。

在研究视角上，首先，目前对婚姻家庭及亲属关系的研究多以社会学的视角进行分析，研究者更多从社会变迁、社会结构入手，而以人类学视角对婚姻家庭及亲属制度背后发生作用的一套文化体系缺少应有的关注。比如独生子女家庭对所生孩子姓氏的争执，其背后深层的文化逻辑是什么，独生子女带来的中国亲属结构、亲属称谓的变化①。其次，结合性别视角进行亲属关系研究。研究者已经注意到女性在婚姻家庭及亲属关系中的地位与价值，但其前提依然是建立在女性嫁入男方家庭的基础之上，在婚姻家庭及亲属关系的研究中，我们应该考虑如何跳出将女性附属于男性的研究传统，这有助于我们更全面地认识当代中国的婚姻家庭及亲属关系；目前从女性主义视角出发对具体现象的实证研究比较少，对于女性地位的提高或者权力的上升究竟是如何通过日常生活实践表现出来的，我们缺少应有的关注。

在研究内容方面，一是婚姻家庭及亲属关系形成的过程性研究，一些研究者已经注意到当代亲属关系中，越来越多的已婚夫妇与新娘家的关系越来越密切，那么就要研究从传统的婚后生活偏向夫家到现在偏向妻家的转变过程如何发生；二是研究计划生育政策对农村婚姻家庭、少数民族婚姻家庭产生了什么影响。

（二）白族婚姻家庭研究的历史与现状

白族主要聚居在云南省大理白族自治州，并以洱海为中心分布于滇西北地区，在滇东、滇南地区亦有白族和其他少数民族杂居。在湖南省桑植县、四川省西昌地区、贵州毕节和威宁均有白族分布。20世纪50年代中国民族识别中，把那马人、勒墨人以及

_____

①　如独生子女越来越普遍，可能带来传统亲属称谓中"舅舅"称谓的消失。

民家归入民家族，后来在 1956 年民家族改为"白族"①。

关于白族的族源，有融合说②、土著说③、氐羌后裔说④等，目前学术界大多数人认同的观点：白族是以洱海地区为中心，以当地土著居民为主体，同时融合了南诏政权下的其他族群以及因战争、迁徙等进入云南的汉族人口，在共同地域、共同语言、共同宗教信仰的基础上形成于南诏中后期的民族。⑤

1. 历史民族志中关于白族婚姻家庭的相关记载

梁建方所撰的《西洱河风土记》是了解唐代前期洱海区域社会的主要资料，其中记载：

> 娶妻不避同姓。富室娶嫁，金银各数十两，马牛羊皆数十头，酒数十瓶。女之所赍金银，将徙亦称是。婿不迎亲，女至其家，亦有拜谒尊卑之礼。
>
> ……
>
> 处女孀妻，淫佚不坐，有夫而淫，男女俱死。不跨有夫女子之衣。若奸淫之人，其族强者，输金银请和，妻则弃之。其两杀者死。家族即报复，力不能敌则援其部落举兵相攻之。⑥

---

① 云南省编辑组编《云南省民族识别报告》，《云南少数民族社会历史调查资料汇编》(3)，云南人民出版社，1987；徐伟：《"白族"称谓的来历》，《云南档案》2006 年第 3 期。

② 方国瑜：《略论白族的形成》，《方国瑜文集》第 4 辑，云南教育出版社，2001；杜乙简：《"白文"质疑》，《云南白族的起源和形成论文集》，云南人民出版社，1957。

③ 李东红：《从考古材料看白族的起源》，《中央民族大学学报》2004 年第 1 期。杨堃：《试论云南白族的形成和发展过程》；马曜：《试论白族源出于汉代洱海区的昆明人》；李一夫：《对白族的起源和形成的意见》，《云南白族的起源和形成论文集》，云南人民出版社，1957。

④ 龚自如：《关于白族形成问题的一些意见》，《云南白族的起源和形成论文集》，云南人民出版社，1957。

⑤ 李东红：《从考古材料看白族的起源》，《中央民族大学学报》2004 年第 1 期。

⑥ (唐)梁建方：《西洱河风土记》，方国瑜主编《云南史料丛刊》第 2 卷，云南大学出版社，1998，第 219 页。

樊绰的《云南志》卷八记载:

> 南诏有妻妾数百人,总谓之诏佐。清平官、大军将有妻妾数
> 十人。俗法:处子、孀妇出入不禁。少年子弟暮夜游行闾巷,吹
> 壶卢笙,或吹树叶,声韵之中,皆寄情言,用相呼召。嫁娶之夕,
> 私夫悉来相送。既嫁有犯,男子格杀无罪,妇人亦死。或有强家
> 富室责资财赎命者,则迁徙丽水瘴地,终弃之,法不得再合。①

通过这些记载,我们可以看到唐代初期南诏地区"娶妻不避同
姓""婿不迎亲"等婚俗;群婚、对偶婚还有残余,但一夫一妻的
个体家庭及私有财产在该地已建立起来②;南诏政权建立之后,长子
继承已经形成,一夫多妻在王室比较盛行,为了保护财产及政治上
的承袭,对婚后有犯者惩罚严厉③;未婚男女、寡妇比较自由,但一
旦结婚或再婚之后就不能随意往来,否则会受到相应惩罚。

元初李京《云南志略》诸夷风俗记载:

> 处子孀妇出入无禁。少年子弟号曰妙子,暮夜游行,或吹芦
> 笙,或作歌曲,声韵之中皆寄情意,情通私耦,然后成婚。④

元代郭松年在《大理行记》中记载:

> 故大理之民,数百年之间五姓守固,值唐末,五季衰乱
> 之世,尝与中国抗衡。宋兴,北有大敌,不暇远略,相与使

---

① (唐)樊绰撰,向达原校,木芹补校《云南志补注》,云南人民出版社,1995,
第 115—116 页。
② 林超民:《〈西洱河风土记〉及其史料价值》,《云南社会科学》1982 年第 3 期。
③ (唐)樊绰撰,向达原校,木芹补校《云南志补注》,云南人民出版社,1995,
第 116 页。
④ (元)李京撰,王叔武校注《云南志略辑校》,云南民族出版社,1986,第 87
页。

传往来，通于中国，故其宫室楼观，言语书数，以至冠婚丧祭之礼，干戈战阵之法，虽不能尽善尽美，其规模服色、动作云为略本于汉，自今观之，犹有故国之遗风焉。①

马可·波罗在《哈剌章州》中记载：

> 居民不以与他人妻奸宿为异，只须妻同意可矣。②

从唐初期到元代，未婚男女都比较自由，部分地区婚后妻子与他人发生关系只要得到妻子的同意，丈夫不会认为是对自己的侮辱。此时的大理之民既有自己的特点，受汉文化的影响也越来越深。到了明代，汉文化在云南得到了进一步的发展，"汉白同风"是这一时期的主要特征。

《云南通志》卷七对云南府及大理府风俗有相关记载：

> （云南府）子弟多颖秀，科第显盛，民遵礼教，畏法度，士大夫多才能，尚节义，彬彬文献，与中州埒。
> （大理府）俗本于汉，民多士类……明时科甲、理学为两迤首，质直好义，无钩曲直行，婚丧遵朱子家礼，四时墓祭。③

元朝结束了南北对峙的格局，统一中国，其中也包括 1253 年平定大理；明朝通过将江南富户迁入云南，传播儒学，实行改土归流等来巩固其统治。经过元明时期对云南的治理，大量的汉人迁入白

① （元）郭松年：《大理行记》，方国瑜主编《云南史料丛刊》第 3 卷，云南大学出版社，1998，第 136—137 页。
② 〔意〕马可·波罗：《马可波罗行纪》，冯承钧译，上海书店出版社，2001，第 286 页。
③ （清）范承勋：《云南通志》，康熙三十年（1691）刻本，卷七。

族地区，洱海区域白人的文化与汉文化之间的交流不断加强。明刘文征在《滇志》描写风俗时提到"冠礼""婚六礼"等①，说明当时汉文化礼制在该地已经比较健全。最重要的是从元代到民国时期，国家政治深入白族人社会，尤其是明王朝通过战争、屯兵、移民等汉化政策加强对洱海及滇池区域的管理，地方传统的白族人文化转型为王朝政治下的国家公民文化，白族人的国家公民身份确立并在之后不断得到加强，完成了地方与国家之间的对接②。

　　元明清时期，白族地区与汉文化的接触及对汉文化的吸收越来越多，在原来的基础上形成了一套比较完备的婚姻家庭制度：以一夫一妻为主，从夫居，重继嗣，祖先崇拜等。尽管处于西南一隅，但白族地区与外界的交流从未间断，国家公民身份的确立更加强了其与外界的联系，白族社会文化的变迁与整个中国社会息息相关。

2. 近现代学者对白族婚姻家庭的研究

（1）民国时期

　　20 世纪 30 年代，澳大利亚的费茨杰拉德对 1936—1938 年大理民家人的社会生活文化进行了相关的调查，他据此写成的《五华楼》一书是了解 20 世纪 30 年代大理社会文化的重要文献资料。费茨杰拉德对大理民家人的婚姻形式、家庭结构、祖先崇拜都有相关的介绍。通过此书，我们可以注意到以下几个方面：首先，民家人注重祖先崇拜，男性在祖先祭祀活动中有着重要地位，儿子是"祖先崇拜的继承人"③；其次，民家人的婚姻以村内通婚、本族通婚、男娶女嫁为主，对于女人来说生一个儿子继承香火很

---

① （明）刘文征撰，古永继校点，王云、尤中审定《滇志》，云南教育出版社，1991，第 109 页。
② 李东红：《从地方一族到国家公民——"白族模式"在中国民族建构中的意义》，《思想战线》2014 年第 1 期。
③ 〔澳〕C. P. 费茨杰拉德：《五华楼：关于云南大理民家的研究》，刘晓峰、汪晖译，民族出版社，2006，第 83—96 页。

重要①；最后，作者关注到民家女性在家庭生活、宗教生活等很多场合中的在场，作者也提到在新婚中女性地位并不高，需要通过生儿子巩固在夫家的地位②，但通读全书之后我们看到女性在民家社会中还是相对自由的，可以参与赶集、朝圣等很多的公共活动，当然，民家女性的勤劳也处处可见。

稍后许烺光根据他在 1941—1943 年对西镇人的调查写成《祖荫下》一书，该书对当时西镇人的婚姻形式、家庭关系、祖先崇拜做了非常详细的介绍和分析，全书围绕"家"的过去、现在以及未来展开。首先，许烺光认为父子关系是亲属关系的核心，是维系整个社会的亲属制度的根本，其他所有的关系都是父子关系的延伸或补充，或是从属于父子关系；其次，西镇社会重视家族延续，许烺光认为"整个亲属关系内的各种关系都是为了延续家族的父系"③；再次，许烺光关注了当地较为普遍的"上门婚"，即"男嫁女娶"的形式，但他认为"上门婚"较为普遍，很大程度上是因为男性要改变贫穷的状况；④ 最后，通过此书我们看到西镇人的生活中过去、现在和未来是连成一条线的，当地人并不只是简单生活在当下，家庭的祖荫将过去、现在和未来连在一起。许烺光对西镇的研究后来受到了一些质疑⑤，但《祖荫下》一书对

---

① 〔澳〕C. P. 费茨杰拉德：《五华楼：关于云南大理民家的研究》，刘晓峰、汪晖译，民族出版社，2006，第 76—80、129—144 页。

② 〔澳〕C. P. 费茨杰拉德：《五华楼：关于云南大理民家的研究》，刘晓峰、汪晖译，民族出版社，2006，第 131 页。

③ 许烺光：《祖荫下：中国乡村的亲属、人格、社会流动》，（台北）南天书局，2001，第 94 页。

④ 许烺光：《祖荫下：中国乡村的亲属、人格、社会流动》，（台北）南天书局，2001，第 84—88 页。

⑤ 许烺光将西镇社会视为一个汉族社区来进行研究后来遭到了很多质疑，这一方面与其学术抱负有关，但另一方面，他的研究是在 20 世纪 40 年代进行的，当时还没有进行民族识别，在这样的情况下许烺光将其视为汉人社区我认为是可以理解的。梁永佳对许烺光将西镇视为与汉族无异的社会来讨论进行了相关的分析，参见梁永佳《〈祖荫之下〉的"民族错失"与民国大理社会》，《民族社会学研究通讯》2009 年第 52 期。

20 世纪 40 年代西镇人的婚姻家庭的系统研究全面呈现了西镇人的婚姻家庭及亲属关系。

费茨杰拉德和许烺光在大理的研究前后相差不到五年的时间，对当时民家社会的呈现却有很大的差别。在费茨杰拉德的书中我们更多看到的是民家人特有的一些文化，即"非汉"的特点，而许烺光呈现的则是与汉人无异的社会，他希望通过对西镇社会及家庭的研究来分析更广阔中国的家庭与社会。

综合费茨杰拉德和许烺光的研究，可以看到这一时期大理民家社会已经形成了一套比较完备的婚姻家庭体系，这个体系既深受汉文化的影响，同时也保留了自身的一些文化特点。

（2）1949 年至 20 世纪 80 年代

中华人民共和国成立之后，在 20 世纪 50 年代开始的中国少数民族社会历史大调查中，研究者对白族的婚姻家庭及亲属关系展开了一系列的研究，对鹤庆、喜洲、凤羽等地的白族进行了相关调查，并形成了一系列的文章和调查报告。对白族的婚姻形式的关注，首先侧重的是对白族婚礼及过程的关注，即以"男娶女嫁"的婚姻形式为主，婚姻礼仪中遵从"六礼"的习俗①；其次，"上门婚"比较普遍，还存在"姑舅表"婚；再次，存在一夫多妻的现象②；复次，部分白族地区还存在抢婚风俗，一种是发生在未婚男女中，一种是发生在寡妇身上③，在凤羽地区，主要发生在寡妇

---

① 对大理白族传统婚姻形式的相关研究可参见云南少数民族社会历史调查白族组《白族文化习俗诸方面的调查材料》，《白族社会历史调查》（1），民族出版社，2009；赵振銮：《洱源县凤羽区白族婚姻习俗》，《云南民族民俗和宗教调查》，民族出版社，2009；王富、苏松林：《大理挖色白族的婚丧习俗》，杨宪典：《喜洲河涘城的婚俗调查》，杨铠：《鹤庆白族婚俗调查》，以上三篇均载《白族社会历史调查》（3），民族出版社，2009。

② 云南少数民族社会历史调查白族组：《白族文化习俗诸方面的调查材料》，《白族社会历史调查》（1），民族出版社，2009，第 189 页。1950 年 5 月公布了新中国第一部法律《中华人民共和国婚姻法》，法律规定一夫一妻，因此调查资料中的一夫多妻应该是在此之前就存在。

③ 云南少数民族社会历史调查白族组：《白族文化习俗诸方面的调查材料》，《白族社会历史调查》（1），民族出版社，2009，第 194 页。

再嫁中；最后，转房的存在，洱海东岸地区兄死弟可娶寡嫂，即"叔就嫂"①，在丽江九河一代，寡妇转房只能是兄纳弟媳，弟不能娶寡嫂②。家庭规模上，还是以小家庭为主，所谓的"大家庭制"比较少见；"三十无子，妻上加妻"的谚语，反映了当时白族社会非常看重儿子，遗产也主要由儿子继承。通过这些调查资料，我们可以看到当时白族社会以一夫一妻为主，少数存在一夫多妻现象；儿子在家庭中有着非常重要的地位，从夫居、父系继嗣、父权在白族社会中都有明显的表现。这一时期，婚姻家庭体系延续了民国以来的形式，但同时由于特殊的社会背景，婚姻中涉及宗教、仪式的内容不断被弱化，白族本身所具有的一些习俗在此过程中不断消逝。

（3）20 世纪 80 年代至今

20 世纪 80 年代以来，随着改革开放的进行，大理白族与外界的接触日益频繁，在全球化背景下白族的婚姻家庭较前一时期发生了巨大变化。研究者对白族婚姻家庭及亲属关系的研究主要集中在两个方面：一是白族婚姻家庭的变迁研究，二是婚姻的功能及意义分析。

张锡禄将白族神话传说以及自己的实地调查结合起来，分析白族婚姻制度的演变。他认为："白族的婚姻制度也沿着血缘婚——普那路亚婚（群婚）——对偶婚——一夫一妻婚（专偶婚）的顺序发展演化的。"③ Colin Mackerras 关注了白族社会的文化变迁，其对照的是 20 世纪 30 年代费茨杰拉德所描写的大理民家社会，对白族社会的家庭、上门婚都有相关的调查。他认为白族社会中重男轻女的现象并不严重，但并未对提及的问题进行深入的

---

① 王富、苏松林：《大理挖色白族的婚丧习俗》，《白族社会历史调查》（3），民族出版社，2009，第 331 页。

② 云南少数民族社会历史调查白族组：《白族文化习俗诸方面的调查材料》，《白族社会历史调查》（1），民族出版社，2009，第 194 页。

③ 张锡禄：《试论白族婚姻制度的演变——纪念恩格斯〈家庭、私有制和国家起源〉出版一百周年》，《大理学院学报》1984 年第 3 期。

分析探讨①。此外，一些研究者从经济层面、文化层面出发对大理
坝区白族的婚宴、聘礼、仪式等发生的变迁进行研究，并对这些
变迁所产生的影响进行了分析②。

张锡禄根据史料记载对南诏大理王室的婚姻网络进行了梳理，
对王室婚姻的功能进行了分析，认为婚姻关系网络对南诏政权的
维护和巩固起到了非常重要的作用③。罗红以一个白族村落中的婚
礼仪式为例，对婚礼的过程进行了详细的描述，并对婚礼仪式的
社会意义和文化意义进行了详细的分析④。赵建军从白族的三个不
同神话来分析汉文化对白族婚姻的影响，认为从唐朝开始白族婚
姻受汉文化的影响加剧，使得白族的婚姻观念从开放走向封闭，
从自由走向制度化⑤。王积超以先秦以来白族地区的人口流动为切
入点，将人口流动与白族家族文化的形成、发展、变迁结合起
来⑥，但家族文化具体在哪些方面发生了怎样的变迁在书中并没有
很好的呈现。

在此还要提到的是研究者对白族"采百花"习俗的关注，在
很多文献资料中对"采百花"都有提及，但多数研究只是停留在
描述的层面，且多带有猎奇的色彩，以人类学视角对"采百花"
习俗的研究要首推吴瑛的《"采百花"——洱源西山白族性爱风俗
的人类学研究》。吴瑛对大理洱源西山白族婚姻之外结交情人的
"采百花"习俗进行了复原式的研究，对"采百花"习俗存在的历

---

① Colin Mackerras, "Aspects of Bai Culture: Change and Continuity in a Yunnan Na-
tionality," *Modern China*, 1988, 14 (1): 51 – 84.
② 杨庆毓:《大理坝区白族婚礼的当代变迁及影响》,《云南民族大学学报》(哲
学社会科学版) 2010 年第 5 期；洪波、杜新月:《大理市白族婚俗沿袭与变化
调查》,《佳木斯教育学院学报》2012 年第 5 期。
③ 张锡禄:《南诏王室婚姻关系简论》,《云南社会科学》1990 年第 1 期。
④ 罗红:《大理茈碧白族婚礼的文化人类学解读》,《大理学院学报》2011 年第 3
期。
⑤ 赵建军:《从民间神话传说看汉文化对白族婚姻观念变化的影响》,《大理民族
文化研究论丛》第 6 辑, 2006。
⑥ 王积超:《人口流动与白族家族文化变迁》,民族出版社, 2006。

史文化背景、社会机制、群体认同及在当代社会发生的变迁进行了详细的调查研究①。吴瑛的研究是目前为止少有的比较系统的白族婚姻家庭的学术研究成果之一。尽管有助于当地社会的平衡，但随着社会的发展以及观念的改变，"采百花"这一习俗基本淡出当地社会，我们应该对当代白族婚姻及家庭给予更多的关注。

李东红对凤翔白族村的调查，展现了当地白族的婚姻形式、家庭结构、亲族制度等。其在这个过程中注意到凤羽白族婚姻独具的特点，认为当地婚姻模式"架构上可能受到明代汉人移民婚姻模式的影响，但在内容上，却保留着乡土文化的固有特质"②。

在白族婚姻家庭的相关研究中，第一次明确提到"不招不嫁"这种婚姻形式的是王海娜的《试论大理白族婚俗——以双廊镇大建旁村为例》③一文。文章对"不招不嫁婚"的婚礼形式、居住方式以及婚后可能引起的矛盾做了简略的介绍，但对于"不招不嫁"出现的原因、形式的差异等都只是一笔带过。其在文中提到的"不招不嫁"建立在婚姻双方经济独立基础上，生一个孩子跟着女方姓等。在此文中，王海娜将"不招不嫁"称为"不招不嫁婚"。《说文解字》中对"婚"的解释为"娶妇以昏时，妇人阴也，故曰婚。从女从昏，昏亦声"④，侧重的是"娶妻"之意，因此我认为"不招不嫁"应该是婚姻的一种形式，而不能称之为"不招不嫁婚"⑤。

---

① 吴瑛:《"采百花"——洱源西山白族性爱风俗的人类学研究》，云南大学博士学位论文，2008；吴瑛:《人类学视野中的"采百花"习俗》，《民族研究》2009年第4期。

② 李东红:《乡人说事:凤羽白族村的人类学研究》，知识产权出版社，2012，第151—183页。

③ 王海娜:《试论大理白族婚俗——以双廊镇大建旁村为例》，《文化遗产》2012年第1期。

④ (汉) 许慎撰，(宋) 徐铉校定，王宏源新刊《说文解字》(现代版)，社会科学文献出版社，2005，第688页。

⑤ 我自己最初也将其称为"不招不嫁婚"，博士论文开题时，在王文光老师的指导下，发现这样称呼存在的问题，之后在查阅相关资料后进行了修改。

目前已有的对白族婚姻家庭的研究一方面主要涉及对传统婚俗的介绍、对婚姻家庭及婚俗变迁的研究；另一方面是对过去的婚姻家庭的回溯研究。我认为对白族婚姻家庭及亲属关系的研究应该在以下几个方面扩展：首先是在全球化背景下作为中国民族大家庭中的一员，白族婚姻家庭的现状及所发生的变迁；其次是婚姻家庭的变迁过程，变迁背后深层次的社会机制和文化机制，传统在现代社会中如何存续；最后是这种变迁对白族传统的家庭结构、亲属关系等造成的影响。这将有助于我们更好地理解白族婚姻家庭的现状及未来的发展趋势。

（三）"两边挂花幡""并家""两头走""两头扯"

我在翻阅相关资料的时候发现与"不招不嫁"类似的婚姻形式，如"两边挂花幡""并家""两头走"等。吴江地区存在俗称的"两头挂"，费孝通先生在《江村经济》一书中讨论财产与继承问题时，提及这种情况："即一个男人仅有女无子。如果女儿在弟弟死前出嫁，她对她父系的继嗣不能作出任何贡献。但如果她尚未出嫁，父母也明白不可能再有儿子，他们便可要求女儿的未婚夫的父母允许他们的女儿为他们传嗣。换句话说，他们有权利将其女儿的一个男孩作为他们自己的孙子。这类婚姻称作'两头挂花幡'，意思是在两个家的祖宗牌位上插两面花旗。在结婚仪式上，花幡是传嗣的象征。"[1] 在这里，我们看到"两边挂花幡"是在家中无男子的情况下为了延续家庭的继嗣采取的一种灵活的方式。

沈奕斐在她关于城市家庭的研究中也注意到这个问题，即"两头挂幡"及孩子姓的问题，在城市中同样引起了争执[2]。在当代社会独生子女普遍出现的情况下，"两头挂"的婚姻形式在吴江

---

① 费孝通：《江村经济》，商务印书馆，2005，第 75 页。
② 沈奕斐：《个体家庭 iFamily：中国城市现代化进程中的个体、家庭与国家》，上海三联书店，2013，第 176—185 页。

等地不断增加。目前我还未找到对"两头挂"这种婚姻形式系统的研究资料，但在网络上，对于该问题的讨论已经进行得十分热烈，一些"两头挂"的当事人甚至由于孩子姓氏的问题争执而在网上发表自己的不满及抱怨，且引起了很多网友对"两头挂"问题的争论。《吴江日报》（2014 年 1 月 3 日）还对此问题有过专门的报道《"两头挂"结婚方式渐渐流行：我的孩子谁做主?》，在文中，对"两头挂"的由来及目前带来的"两头都叫爷爷奶奶的尴尬""不姓自家姓就散伙"两个问题进行了简单的讨论。从这些资料中我们看到"两头挂"中涉及家庭继嗣的孩子姓氏是引起双方家庭矛盾的重要原因。

近年来苏南地区出现并家婚姻。并家婚姻主要发生在独生子女家庭，模糊嫁和娶的界限，轮流在两家居住，生两个孩子。黄亚慧对并家婚姻中女儿的身份与地位进行了调查研究，她认为在并家婚姻中，独生女儿对于父母的价值提升，两边轮流住使婆媳关系得到改善，在这个过程中，女性被赋予家庭财产及家庭继嗣的权力，对传统的父权制产生冲击①。

王会、狄金华对川西农村"两头走"的居住模式进行了相关研究。"两头走"指的是模糊了嫁和招的界限，不定期地在男方和女方家分别居住；女方不承认自己是嫁过去的媳妇，男方不承认自己是上门女婿；婚后孩子可随父姓，也可随母姓，主要是那些双独生子女组建的家庭②。王会、狄金华认为"两头走"的产生与计划生育、养老保障、男女平等观念等有关，在新形势下重新调整和重构家庭的结构③。此外，还有学者从民俗学角度对桂北

---

① 黄亚慧：《并家婚姻中女儿的身份与地位》，《妇女研究论丛》2013 年第 4 期。
② 狄金华、王会：《"两头走"独生子女婚姻家庭出新》，《中国改革报》2009 年 6 月 22 日。
③ 王会、狄金华：《"两头走"：双独子女婚后家庭居住的新模式》，《中国青年研究》2011 年第 5 期。

的东山瑶"两头扯"的婚俗予以关注①。

"两头挂花幡""并家""两头扯""两头走"之间既有区别又各有侧重。"两头挂花幡"侧重家庭继嗣的问题;"并家"也是以独生子女为主,轮流居住,强调继承双边的财产及继嗣;"两头扯"则更多强调的是婚后平等地在双方家庭居住、赡养父母、继承财产等权利和义务,这与当地的自然环境有着密切关系;"两头走"则模糊嫁和招的界限,其产生的背景是双独家庭之间的婚姻缔结。这几种婚姻形式都是以独生子女家庭之间的婚姻缔结为主,且都强调双边居住、照顾双方的父母,但除了"两头挂"尤其强调家庭继嗣的问题,其他几种婚姻形式更多强调的是财产的继承、双边居住方式以及对父母的养老。

之所以提到这些现象及相关的研究,首先,不管是"两边挂花幡""并家""两头扯"还是"两头走",都涉及一个婚后孩子姓的问题。我理解的是这涉及家庭继嗣的问题,其最直接的表现就是对孩子姓氏的选择。在前文中已经提到有少部分研究者注意到城市独生子女婚后双方对所生孩子姓氏问题的争执②,而这些研究更多关注的是城市独生子女家庭,对少数民族农村在发展过程中面临的继嗣问题没有给予应有的关注。其次,我认为"不招不嫁"与"并家""两边挂花幡""两头扯""两头走"这些婚姻形式有着一些共同点,比如对两边父母的照顾、对家庭财产的继承等。最后,"不招不嫁"与"并家""两边挂花幡""两头扯""两头走"也存在区别,"不招不嫁"中的家庭并不都是独生子女家庭,"不招不嫁"中孩子姓氏问题成为核心(这一点将在后文中详细呈现)。不管是"不招不

---

① 高川:《桂北东山瑶族"两头扯"婚俗研究》,广西师范大学硕士学位论文,2005。
② 关晓敏:《"80后"婚嫁现象探析——"独二代"的姓氏之争》,《法制与社会》2011年第9期;曹丽娟:《"80后"婚姻中的姓氏之争》,《当代青年研究》2013年第3期。

嫁"还是"并家""两边挂花幡""两头扯""两头走",这些婚姻形式的出现及存在呈现了现阶段婚姻家庭发展的一个方面,大理白族地区的"不招不嫁"并非特例,这些现象在不同地区、不同民族中出现,说明当代社会发展过程中大家都遇到了类似的问题。而到目前为止,学界对"并家""两边挂花幡""两头扯""两头走"等类似的婚姻形式还未进行系统的研究,我认为通过对大理白族地区"不招不嫁"婚姻形式的调查研究可以填补这一方面的空白,有助于我们更好地理解当代中国婚姻家庭的状况及面临的问题。

三 田野概况及调查过程

(一) 田野点概况

1. 历史上处于交通中转站的凤翔村

凤翔村隶属洱源县凤羽镇,凤羽镇地处东经99°52′—99°55′,北纬25°05′—26°56′,位于云南西部,洱源县城西南方向,距离大理州政府大理市下关镇90公里,距离县城洱源18公里。东邻右所镇,西靠炼铁乡,南接大理市花甸坝和漾濞县脉地乡,北邻茈碧湖镇。全镇国土面积209平方公里,海拔2100—3910米。属亚热带高原山地气候,干湿分明,年平均气温13℃,最低月平均气温5℃,最高月平均气温21℃,年降水量750毫米,常年主导为西南风。镇境内河流众多,水资源十分丰富,常年水流量达1.2亿立方米,属澜沧江水系,是高原明珠洱海的重要水源地。凤羽镇下设9个村委会:凤翔、源胜、上寺、白米、江登、凤河、起凤、庄上、振兴。全镇人口共计32006人,有汉、白、回、傣等民族,其中白族占总人口的98%①。

历史上凤羽因"凤殁于此,百鸟集吊,羽化而成"而得名,

---

① 资料来自2013年凤羽镇政府统计资料。

凤羽置县始于南诏时期，设凤羽郡。元明时期仍置凤羽县，明时属邓川州，后又并浪穹县①，随后明废凤羽县改设土巡检司。民国二年（1913）凤羽归属洱源县。新中国成立之后，凤羽为隶属洱源县的一个乡（区、公社），一直到2000年撤乡建镇，建制为凤羽镇。由于历史上凤羽特殊的行政区划，一直到现在，凤羽镇之外的人开玩笑时仍会称凤羽人是"外国人"②。

历史上，凤羽镇与腾冲的和顺乡、剑川的沙溪镇被誉为"滇西三大名乡"。明代之前大理以北的交通网络中，凤羽是重要的一站：大理—邓川—凤羽—黑惠江—漾濞—云龙；大理—邓川—凤羽—黑惠江—乔后—沙溪—剑川；大理—邓川—凤羽—黑惠江—乔后—沙溪—弥沙。从邓川出发，翻越天马山，经过腊坪哨，就进入凤羽。再过江登村、凤羽河之后直接进入现在的官路，之后再经过白石江，上狮子山，直至山顶的关坪哨。"明代中期以前的凤羽，正好处在洱海北部产盐区食盐外运的交通中枢。以凤羽为中心的'官道'交通网络，它把洱海以北、澜沧江以东、金沙江以南的产盐区纳入'盐道'系统。并与大理的'官道'相连结，形成洱海北部白人社会、经济生活的大动脉"。只是后来在"大理—邓川—右所—下山口—巡检—浪穹—观音山"这条线路开通之后，凤羽作为中转站的地位才慢慢被削弱③。

凤翔村是凤羽镇政府所在地，是凤羽镇政治、经济、文化中心。凤翔村国土面积5.56平方公里，海拔2220.00米，年平均气温14.42℃，年降水量745.00毫米，适宜种植水稻、油菜等农作物。有耕地4652.97亩，人均耕地0.66亩；有林地3667.20亩。

---

① 今云南省大理白族自治州洱源县。
② 参见李东红《乡人说事：凤羽白族村的人类学研究》，知识产权出版社，2012，第4页。
③ 李东红：《乡人说事：凤羽白族村的人类学研究》，知识产权出版社，2012，第11—15页。

辖 29 个村民小组，1874 户，人口 7297 人①。当地人喜欢用"充"②将凤翔村划分为五个充：官路充、石充、元士充、中和充、太和充。五个充沿凤羽街主干道两侧，呈带状分布，有着明显的地理界限，但充与充之间相隔都非常近，有很多小路连接了不同的巷道，平日的生活，五个充之间也是相互联系的。

2. 生计方式

凤羽的地形由南向北倾斜，境内河流众多，水资源比较丰富，优越的气候条件和肥沃的土壤为农业种植提供了良好的基础，粮食作物以种植水稻、玉米、蚕豆为主，经济作物以油菜为主。农业种植为主、农牧养殖相结合成为这里主要的生计方式。一些生意人会收集当地的物资然后去邻近的沙坪、右所、洱源、炼铁售卖，当地人也俗称"转街"③。近年来，村寨中的中青年人大都外出打工或做生意，主要集中在下关、香格里拉、兰坪、丽江、昆明等地，以经营饭馆、小吃店、烧烤店等饮食业为主，还有一部分人经营服装店、百货批发等。

2010 年开始，凤羽街以北的耕地大部分被大理的一个花卉公司承包用来种植蓝莓，每亩每年的租金为 700—800 元不等。很多人愿意出租自己的耕地一方面是因为近年来大部分人外出打工，没有多余的劳动力管理农田，另一方面是因为周围大部分村民都出租了自己的土地，自己不出租的话以后灌溉及管理会很麻烦，于是部分农民尽管不情愿但也别无选择。目前来看，蓝莓种植给当地村民带来最直接的影响就是为部分村民提供了一些劳动岗位，给蓝莓地除草、打药、翻土都是请当地人来完成，每天的报酬

---

① 资料来自 2013 年凤羽镇政府统计资料。
② 这里的"充"相当于巷道，表示凤翔村空间分布的格局，是一个乡村地域空间的概念。详见李东红《乡人说事：凤羽白族村的人类学研究》，知识产权出版社，2012，第 97—98 页。
③ 每个地方赶集的时间不一样，有的生意人在参加完一个地方的集市交易之后，接着到下一个地方参加第二天的交易，以此类推，一般这些集市之间相隔不是很远。

40—100 元不等。2014 年 7 月我到蓝莓种植基地，看到帮助除草的村民以 45—65 岁之间的妇女为主，她们每天报酬是 40 元，中午有一个小时的休息时间。

目前，村寨中最主要的是 60 岁以上的老年人、处于义务教育阶段的学生以及少部分 40—50 岁的中年人，大部分人外出读书（大学）、工作、经商，加上一些外来人在此地承包土地种植蓝莓，很多人选择将土地承包出去。调查中不止一次听村民抱怨"种这点田一年到头没什么收益"，在经济日益发展的今天，当地人不再满足于保证温饱的小农生活，传统的以农业为主的生计方式发生了根本性的变化。

3. "耕读传家"的文化传统

明清时期儒学的发展对凤羽产生了很大影响，清代该地就出了 4 位进士[①]。有识之士还在当地创办、支助义学馆，在私塾改制过程中，凤羽地区的私塾是最多的[②]，由此可见儒学在当地的发展。一直到现在，当地村民都非常重视教育，处处可见"耕读传家"的影子。20 世纪 80 年代之前，在外读书的人很多会回到家乡工作，娶妻生子，同时也以此种方式回报父母的养育之恩，在这种文化传统的影响下，当地人与外界的通婚概率也比较小。改革开放以来，尽管村民依然非常重视教育，但很多人大学毕业之后选择在外谋生和工作，当地的社会结构也慢慢发生改变。

4. 通婚圈

在凤翔村，我的祖父母这一辈通婚的范围以凤翔村为主，即通婚范围基本在五个充之内，只有极少数人会与外村的人通婚，村寨中谁娶了汉族的媳妇，很快就会传遍整个村子，当地人称这些汉族的媳妇为 "xa^{742} ŋ̩v^{33} mɔ^{33}"，意为 "汉族的女人"。到我父母亲这辈，通婚范围要比祖父母辈广一些，尤其是外出工作的人

---

① 杨茂铨：《凤羽志》，1985 年油印本。
② 洱源县教育局教育志办公室编纂《洱源县教育志》，内部发行，1998，第 69—80 页，现存于凤羽镇镇政府。

与其他地区或者其他民族通婚现象有所增加，但村内通婚仍然占据了主要地位。20世纪80年代之前，参军、读书是最主要的流动，转业和毕业之后，绝大部分人还是选择回县乡一级工作生活，因此通婚圈仍然以村内、乡内、县内为主。我调查的20世纪80年代以后出生的这一辈人通婚范围进一步扩大，随着外出工作和务工的人越来越多，通婚的范围比以往任何时候都要广，跨村、跨县、跨州、跨省的联姻都不同程度存在。由于凤翔村有同姓不同宗的情况存在，因此并没有严格的同姓不婚的规定。在我的祖父母、父母这一辈中，交表婚依然存在。在凤翔村，传统婚姻中"上门婚"也比较常见，一些家庭还招了来自四川的女婿，当地人称他们为"$xa^{742}po^{35}$"，即"讲汉话的男子/汉族的男人"。

凤翔村在历史上作为交通中转要道，与外界的交流非常频繁，儒学在此得到了很好的发展，与此同时，这个地方又保留了自己特有的一些文化传统，她未像喜洲及周城一样有着较为发达的旅游业和商业。2010年凤羽镇获得第五批"中国历史文化名镇"的称号后，凤羽的发展被提上新的议程。李东红老师曾以"贵而不富"评价凤羽，我认为是比较贴切的。现在的凤羽可以说处于传统与现代之间的交替阶段，随着全球化、商业化的冲击，"贵而不富"的凤羽白族村民会如何应对这些冲击，会发生怎样的变化？传统与现代之间并没有绝对的界限，也很难判定孰是孰非。种种原因使得作为凤羽政治经济文化中心的凤翔村成为一个非常难得的田野点，而婚姻家庭是反映社会的一个重要缩影，我希望通过对当地白族婚姻家庭的变迁研究来看当代白族社会如何应对全球化带来的变迁，传统的白族婚姻家庭在现代社会以何种方式延续，这对于整个白族社会的发展以及中国婚姻家庭的发展有着重要的价值。

由于通婚范围的扩大，"不招不嫁"这种婚姻形式的特殊性等，我的调查也并不完全限于凤翔村，部分案例会涉及剑川、洱源等地。我是以凤翔村为中心，对当地的"不招不嫁"做详细调查，同时也对大理地区自己力所能及范围内的"不招不嫁"进行相关的调查，尽可能地展现当代大理地区"不招不嫁"这种婚姻形式的状况及发展的趋势。

（二）田野调查过程

1. 由"笔者"到"我"

在最初写作的时候，我总是喜欢用"笔者"这样一个称谓，后来一位朋友看过之后建议直接用"我"而不用"笔者"。当时他开玩笑说"现在大家都不用笔写字了，你还用'笔者'，天天用键盘打字应该用'键人'更合适"。其实他的建议出于两方面的考虑：首先，我自己就是我所调查的"不招不嫁"这种婚姻形式的经历者之一；其次，尽管人类学的田野调查一直强调客观，但所谓的客观其实是很难达到的，他建议我在此次调查过程中加入我自己的个人感受，切实地展现被调查者的所思所想，也就是既要做调查者还要做被调查者。在经过充分考虑之后，我采纳了他的建议，除了他提及的原因之外，我作为一个当地人也想尝试在我的研究中体现我自己作为研究者在这个过程中的一些经历。

2. 从"熟人"到"外人"，再到"熟人"

利奇说："在你已经熟悉的文化背景中进行田野工作，似乎比那种从完全陌生人的天真的观点中进行研究的田野工作更加困难。当社会人类学家研究自身社会的某一方面时，他们的视野似乎会被私人偏见，而不是公共的经验所歪曲。"[1] 作为一个"家乡人类学"的调查者，往往会出现先入之见和缺乏洞察力[2]，作为家乡人和"文化持有者"，带着"问题意识"，"化熟为生"，用学术的眼光把自己习以为常的"身边事"讲述出来，也不是一件很容易的事情。在这个过程中，我作为当地人，在语言和人际关系方面有

---

[1]　惠海鸣：《费孝通和利奇的对话》，共识网，http://www.21ccom.net/articles/sxwh/shsc/article_20140508105727.html。

[2]　韩敏：《一个家乡人类学者的实践与思考》，《广西民族大学学报》（哲学社会科学版）2011年第2期。

一些优势，不存在"他者"对异文化研究时的"适应当地生活"的问题，但我需要当地人重新来接纳我这个离开太久的村民，同时还是作为调查者的村民。

由于常年在外求学，我一年到头待在村子里的时间加起来不到两个月的时间，虽然这是我的老家，但我与村民之间已经产生了看不见的隔阂。着手调查"不招不嫁"之后，我有很长时间待在村寨中，在这个过程中，我发现村民与我相互之间的问候语也在不断发生变化。最开始回去的那几天村民遇到我的问候语是"回来了噶"，一个星期之后人们看我还在村子里晃荡，忍不住会问"还没走噶"，似乎我给村民的印象是来去匆匆，待在家一个多星期还不走有点"反常"。差不多两个星期之后同村寨的人遇到我才问"去哪儿""去干嘛"，听到这句村民之间最常用的问候语时我才感觉我重新回到这个村寨中。从最初的"回来了"到后来的"去哪儿""去干嘛"，我被村寨的人再一次接受，而之前的我，更像是村寨中的一个过客，不曾长时间停留。在差不多一个月的时间中，我其实也经历了从"外人"到"熟人"的身份变化，这个变化给我的感觉其实比进入一个完全陌生的田野点还要困难。除此之外，作为比较熟悉这个村寨的人，一方面在调查中要尽量"化熟为生"，发现新的问题；另一方面也要避免人际关系方面的问题，时刻注意村里人之间的矛盾，注意在谁的面前不能提到谁或者某些事情，倘若是一个陌生的外来调查者即使说错了也会得到村民的谅解，但作为这个村寨的人，这一点我必须十分注意，否则村里人会认为我是故意为之。在不同的调查阶段，我所能获取的信息很明显也是不一样的。

3. 从"调查者"到"当事人"

我对"不招不嫁"这种婚姻形式的调查可以追溯到 2012 年 12 月底，那个时候我在村子里的身份是一个放假在家的学生，假期回家遇到这些案例就向长辈们了解相关的一些情况，当时由于博士论文的选题还未最终确定，因此并没有进行系统的调查。在这个阶段，作为凤翔村村寨的成员，我们谈论着"不招不嫁"的种种，高兴的时候就按照自己的理解来评论一番，完全就是一种朋友之间、熟人之间的聊天。在这一阶段，我接触的"不招不嫁"的当事人只有四五对夫妇，更多的是通过当事人之外的人的谈论来了解"不招不嫁"这种婚姻形式及其带来的一些问题。

　　我就在类似聊天的场景中断断续续地关注着"不招不嫁"这种婚姻形式，一直到确定论文选题之后，在2013年7月开始进行相关的前期调查。我找那些"不招不嫁"的当事人围绕"不招不嫁"这个问题进行相关的访谈，最初我并没有设计一些具体的问题，只是让他们给我讲他们家为何要"不招不嫁"，这种婚姻形式是如何缔结的，当事人、双方的父母可以随意说，很多问题在这个所谓聊天的过程中开始呈现。这个阶段的调查需要在众多的问题中找到一个具体的方向，因此我的问题也涉及很多方面。每当村民问我原因，我就说了解一下这个村的婚姻、历史文化，一些村民知道我还在读书，因此很乐意和我聊这个村传统的婚姻形式及现在的"不招不嫁"，他们还会告诉我这个村哪些人是上门女婿、哪些找了汉族的媳妇等，通过这些信息我大致了解了凤翔村传统的婚姻形式及家庭结构等问题。

　　调查最困难的阶段要算2014年1月之后的一段时间。那时候我刚刚和男朋友举办完婚礼，我的父母在老家也为我们举行了婚礼，同一个充以及同村寨的一些人也知道我已经结婚，而且采取的是"不招不嫁"这种婚姻形式。这个时候我的调查主要集中在"不招不嫁"中继嗣这个问题上，而我自己又是"不招不嫁"的当事者。之后每当我问及"不招不嫁"的相关问题时，首先得到的是这样的回答："你不也是'不招不嫁'嘛，我们的形式大概和你们都差不多，父母想的也差不多。"我只能再进一步向他们解释：每一个家庭选择"不招不嫁"的原因可能有差异，因此我需要了解更多的"不招不嫁"的案例，之后我的访谈和调查才得以继续。我之前从未考虑过我"不招不嫁"当事人的身份会带来这些疑问，但转念一想也有道理，没有结婚的时候别人就当我对此问题不了解因此乐意解答，但结婚之后我自己也成为自己调查的案例，还要去问别人，难免引起别人的疑惑。

4. "访谈"与"聊天"

访谈是人类学田野调查一个重要的方法，在"不招不嫁"的调查中，访谈"不招不嫁"的当事人、家庭成员及相关的亲属是一个重要的内容，很多信息的搜集来源于这样的访谈。不知道是不是因为在我熟悉的社会，有时候我个人感觉这样的访谈略显生硬，我不断地追问很多原因，有时候有的村民会很"警觉"地再一次问我为什么问这么详细，我则再一次向他们解释我的调查目的以及后期会做隐私的处理，尽管这些问题我已经在一开始就向村民解释过。由这种比较"正式"的访谈能得到你需要的相关信息，但很难得到一些意外的信息，比如由"不招不嫁"导致的退婚、孩子姓氏的争执等问题很难得知，即使存在访谈者也只是轻描淡写，而我继续追问时，从他们的眼神中我感觉他们把我视为一个"偷窥者"。我作为一个当地人，现在又是一个调查者，而当地人秉承着"家丑不可外扬"的传统，不会轻易向我坦陈家庭的矛盾，对于他们来说，我比一个外来者多了一层威胁，我还是一个当地人，有时候我似乎能感觉到他们在担心和我说的话哪一天会被其他村民知晓。正当我为此发愁的时候，在一个婚礼上，前来帮忙做饭的几个中年妇女在那儿聊起了结婚这家"不招不嫁"的原因，我在旁边听着也略知一二，后来慢慢就加入了她们讨论的队伍。这是旁人的表述，但是我觉得我还是得到了很多意想不到的信息，后来我又选择了其中的一部分问题，在与当事人聊天的时候会提到相关的一些问题以求得到印证。我发现这种聊天式的访谈比正式的访谈有效很多，被调查者很放松，偶尔我也会发表我的看法，让村民觉得我是和他们一起聊天的人，而淡化我是一个调查者的身份，调查过程中很多疑问都是我和村民及当事人以这种聊天的方式在不经意间得到解决。除了访谈之外，对当事人日常生活的观察也很重要，比如过节的时候我就随便去串个门聊几句，大概就知道子女去哪家过节了，什么原因，父母的感受及表现。在村寨中待了几个月的时间，我也看到亲家之间来往是否频繁，是如何来往的，谁的父母在帮忙带孩子等，这种参与观察与之前的访谈得到的信息有时会有冲突，而这也让我进一步思考田野调查中的访谈和参与观察之间的关系。

5. 调查者、当地人、当事人合而为一的身份

作为当地人和当事人，我在调查过程中得到了很多便利。其间，我逐渐重新融入这个村寨的生活，也包括亲戚的生活，我与亲戚之间的聊天总比所谓"外人"之间的聊天要亲密，很多话只能在亲戚之间言说。就在这个过程中，我听到了一些亲戚之间才会有的话语及讨论，比如后文中提到的对亲家来做客这件事情的评价，这些言说对我解读"不招不嫁"有着重要的意义。我也相信没有当地人和亲戚的身份，这些言说我便无从知晓。此外，作为当地人且懂得白语，村寨中每一处都可以是田野点，大槐树下老人之间的对话、晚饭后中年妇女们的聊天，以及和同辈人聚会时她们的抱怨，都是我"不招不嫁"的信息来源，这些信息往往多角度地展现了当事人内心的想法和感受。最后，作为"不招不嫁"的当事人，我自己既是调查者，也是当事人，我也会将我自己的感受和经历与其他"不招不嫁"的人相互比较，看我们共同面临的问题是什么，作为当事人切身的一些体会让我能更好地理解"不招不嫁"者的一些感受。

在调查和论文的写作过程中我有了多重的身份，一方面，我作为文化持有者及当事人，有自主的文化叙述与解释的权力，另一方面，我又是一个人类学研究者。不管是传统人类学中话语权掌握在研究者手中，还是类似村民日志那样以文化持有者的叙述为主，都是一种"单音位"的文化撰写模式，而我面临的是要将不同的"单音位"结合起来呈现一种"多音位"的文化撰写模式，这对于我来说是巨大的挑战。多重身份的重合让我时刻准备着在不同的身份之间转换，我担心自己在此过程中太过主观，或者在写作分析时会做出"过度阐释"，因此我将尽自己最大的努力尽可能地展示调查对象的所思所想，并将我所看到的、想到的展现出来，尝试将多个"单音位"结合在一起的调查及撰写模式①。

四 研究意义、研究方法

（一）研究意义

1. 现实意义

大理白族社会中"不招不嫁"婚姻形式的出现是白族社会变迁的一个缩影，是了解白族社会变迁的一个重要突破口。在生计方式、家庭规模、家庭观念等不断变迁的背景下，白族社会如何适应这样的变迁值得关注。与此同时，"不招不嫁"的出现不只是婚姻形式的变化，也带来了传统白族家庭的变迁和白族传统社会结构的变迁。

白族作为中国民族大家庭的一员，其面临的问题在一定程度上也代表了现代背景下中国婚姻家庭所面临的问题，比如传统居住方式的改变、孩子的姓氏问题、父母的养老问题等。"不招不嫁"婚姻形式正是白族婚姻家庭在遭遇社会变迁时的一种应对策略，对白族"不招不嫁"婚姻形式的深入研究可以为我们提供一个典型的案例，为当代婚姻家庭所面临的问题提供可供参考的解决方式。

"不招不嫁"婚姻形式的出现与计划生育政策在中国的实行有一定关系，通过"不招不嫁"，我们可以看到地方如何对国家政策做出适应性的调整，以及传统文化在面临冲击时如何做出调整与适应，对"不招不嫁"的分析有助于从文化的视角对中国的生育

---

① 在此借用了"单音位"文化撰写模式的概念，详见何明《文化持有者的"单音位"文化撰写模式——"村民日志"的民族志实验意义》，《民族研究》2006年第5期。

政策进行反思，为国家制定相关政策提供参考。

2. 理论意义

关于婚姻与继嗣的关系。"不招不嫁"这种婚姻形式的出现对传统上以父系为主的继嗣制度提出挑战。"不招不嫁"试图达到的是双方家庭的平等，在继嗣问题上延续双方家庭的家庭继嗣。如果说大理白族一直生活在祖荫的庇护之下，祖荫庇护的是男性为主的父系家族，"不招不嫁"的出现则体现了当代社会中人们试图实现祖荫从庇护父系到庇护双系，即父系和母系的可能，这也让我们重新审视女性在婚姻家庭中的角色和地位。

关于家庭变迁过程是如何发生的。正如 Hareven 所说，"在家庭史研究中，不再执着于在某一时间点上家庭是传统的或者现代的，而是关注：①家庭是如何平衡传统和现代的态度的？②变迁的过程是如何发生的？"① 本书从家庭最重要的形成方式婚姻缔结入手，关注"不招不嫁"个案的缔结过程，力图通过历时和共时的方式呈现整个白族社会婚姻家庭变迁的过程。在此过程中，我们也应看到传统与现代之间的关系并不是非此即彼的关系，人类能动性的发挥使传统在当代社会以新的方式延续，传统与现代共融并存。

关于婚姻家庭中女性的角色与地位的转变。传统婚姻家庭中女性一生都附属于男性，"不招不嫁"的出现让我们重新审视女性在婚姻家庭中的地位和角色。

（二）研究方法

本研究主要运用人类学的田野调查及文献研究方法。通过田野调查的参与观察法、深度访谈法，深入了解什么是"不招不嫁"，以及当地人对"不招不嫁"的理解，对这种婚姻形式出现的原因、带来的影响等进行详细的了解；通过文献研究法，对以往

---

① 转引自唐灿《家庭现代化理论及其发展的回顾与评述》，《社会学研究》2010年第 3 期。

研究者对婚姻家庭及亲属关系的研究进行梳理，尤其是近年来关于婚姻家庭的研究文献，使自己的研究能更好地吸收和运用前人研究成果。

在本研究中，试图结合自身的经历，尽可能地展示"不招不嫁"这种婚姻形式的发生过程。通过"不招不嫁"的发生、发展来看婚姻家庭变迁的过程是如何发生的，过程的研究有助于我们更好地理解传统在现代的延续，以及传统与现代之间如何实现一种平衡。

第一章 "祖荫之下"：大理白族传统婚姻

在《祖荫下》一书中，许烺光说道："个人离开了祖先是不能够生存的。他的价值和命运不仅与祖先的命运密切相连，而且被看成是祖先所作所为的反映。从这个角度来说，任何人可以说是在祖先的庇荫下生存的。"[①] 祖先与家庭之间密不可分，现世的人在未来也将成为祖先的一员，保证家庭血脉的延续在某种程度上也保证了现世的人在现在能得到祖先的庇护，在死后能得到后人的祭拜。个人要得到祖先的庇护，其中一个重要的方面就是要将家庭血脉一代代地延续下来，家庭血脉延续最重要的方式是婚姻的缔结，白族传统的嫁娶婚和上门婚保证了家庭中血脉的延续，从而让世世代代的人们都能生活在祖先的庇护之下。

第一节 白族的祖先崇拜信仰

祖荫并不只是代表家庭的过去，祖荫是一个连续体，把家庭的过去、现在和未来都串联在一起，生活在祖荫下的白族人与祖先有着割不断的关系，祖先崇拜成为人们日常生活中不可缺少的一部分。现世的人与祖先之间不断进行着"互动"，通过上坟、七月十四祭祖等活动与祖先持续保持联系。

---

① 许烺光：《祖荫下：中国乡村的亲属、人格、社会流动》，（台北）南天书局，2001，第7页。

一 祖荫的庇护

当家庭中有好事发生，比如孩子考上大学、病人恢复健康时，常常听到人们会说 "tv³⁵pɔ³⁵çi³⁵v⁴²tshɔ³³nɣ⁵⁵tɔ³¹ɯ³³"，即 "祖先在庇佑着你"。家庭中很多事情的发生都与祖先有着直接或者间接的联系，在世的人们取得的成就是祖先庇护的结果，祖先崇拜的观念也因此深入人们的日常生活，成为白族人日常生活的一部分。人们认为去世的人并未与在世的人彻底分开，他们只是到了另外的一个世界去生活，在世的人通过上坟、祭祖节等方式与祖先进行沟通。在这里，祖先除了包括父系的男性祖先，还包括男性祖先的配偶，女性在嫁入夫家去世后也将成为夫家祖先的一员。祖荫庇护的是父系的家庭成员，家庭中祭祀的也是父系的祖先，因此在这个社会中，膝下无儿的老年人、不育的子女、妻妾之女、终生未婚的人都处于祖荫庇护的边缘，以女性为主，因为 "限制女性进行自我改善的枷锁亦多于对于男性的限制"①。

家中有好事发生与祖先的庇护有关，而家中遭遇不测的时候人们会认为，因为现世的人的行为让祖先不悦而得不到祖先的庇护，因此在世的人都要极力 "讨好" 祖先，除了每逢节日要尽心祭拜祖先之外，宽裕的家庭还要为去世的祖先重修祖坟，为还在世的父母立墓志。家庭中有的祖先去世的时候由于经济条件的限制而只是在家族坟地为其上立了简单的 "土坟"，作为这些人的后代，为祖先修建 "券顶墓"② 是一件大事，尽管祖先已经去世，但

---

① 许烺光：《祖荫下：中国乡村的亲属、人格、社会流动》，（台北）南天书局，2001，第221页。

② 凤翔村的坟墓非常讲究，尺寸大小根据家庭经济情况来修筑，坟墓地下部分是竖穴土坑墓，土坑内用石块砌筑两壁，石板有盖顶，有封口石。墓室深入墓地后方的 "山肚子" 里，棺木就安放在石室之内。地表上垒石为坟，"土坟" 只是用简单的石头垒起来，中间一块小石板上书写墓主的名讳；"券顶墓" 则由券石、墓碑等部分组成，墓志铭中间是墓主名讳，两边是子女及亲戚的名字，2013年前后，修筑一个券顶墓按照不同大小及装饰要花费几千元到几万元不等。关于 "券顶墓" 可参见李东红《乡人说事：凤羽白族村的人类学研究》，知识产权出版社，2012，第144—145页。

这样的行为表明后代人"不忘祖先"的优良传统。除了为去世的祖先修祖坟，子女为在世的父母立墓志被视为孝敬父母的表现。2013 年，YSC[①] 有 58 岁，妻子有 56 岁，这一年两人最高兴的事情就是为自己修了墓志，尽管修墓志的钱是由 YSC 出的[②]，但是墓志是以两个儿子的名义来修建[③]。在活着的时候能看到自己去世之后的墓志对于他们来说是一件喜事，同时子女也会因此而得到他人的称赞，被视为孝顺父母的重要表现。我的爷爷奶奶还在世的时候，我父母亲为他们修建了墓志，当时爷爷 71 岁，在墓志建成的当天邀请亲戚朋友来做客，爷爷还在他的墓志旁拍照纪念，这样的场景很常见。祖先崇拜的思想让白族人不只是注重活人所居之所，也关心祖先的"居所"，只有活人和祖先都安居，家中所有人才算是真正的安居。

图 1 - 1　双券顶墓　　　　　　　　　图 1 - 2　单券顶墓

资料来源：2013 年 1 月田野调查。

---

① 书中所有案例中的大写字母均为姓名的首字母。

② YSC 是生意人，尽管两个儿子有经济能力为父母修建墓志，不同意让父亲自己出钱，但 YSC 认为两个儿子目前又要养小孩，还要留本钱做生意，因此他拒绝了儿子们出钱，但修建则是以两个儿子的名义来进行。

③ 为在世的父母修建墓志时，修建好之后用石头将墓志封住，表示墓主人还在世，待到墓主去世时才将墓志露出来。

　　家族坟地对于家庭非常重要，于是也经常会出现争坟地的纠纷。L为去世的父母亲立好墓志之后才一年半，第二年去上坟的时候发现墓碑上的姓被人用利器刮得模糊不清。L对此很气愤，他告诉我他也知道是谁干的，但没有现场抓到他也没办法，L同时也表示他手里有一份当时这块坟地的文书，因此他对此并不惧怕。2010年以来，越来越多的人到了50岁左右就开始筹划为自己修墓志，而家族坟地每家都是有限的，在这样的情况下，开辟新的坟地在凤翔村非常流行。新坟地的选址一般是在自家拥有的或者购买的荒地，这些荒地原本都是自己开荒的秧苗地。这几年种田的越来越少，这些秧苗地都已经杂草丛生。这些荒地背靠罗坪山，面向整个凤羽坝子，人们认为"风水比较好"。2015年1月，我跟随风水师和看风水的X家人去看了他家准备开发的坟地。这是他家已经荒废的秧苗地，呈长方形，有三分左右，他们当时就在现场和风水师商量如何合理地规划这块地。X 52岁，妻子50岁，但他准备再过两年就为自己立墓志。X父母的墓志早在几年前就已经修建好，但由于老的坟地没有更多的位置，于是X和他的一个弟弟打算新开发一块坟地，为他们自己立墓志做准备。

　　在祖先崇拜的观念与实践之下，白族社会形成了父子同一的特点，这也是区别于其他地区父权的重要特点。一方面，父权并非单向的"子从父命"，父亲与儿子之间的责任是双向的关系，这也是许烺光用"同一"来形容喜洲父子关系的原因，父子关系"一边连接着众多的祖先，另一边是无数的子孙后代"[1]，可以说是维系家庭血脉延续的根本，家中所有的关系都是父子关系的延伸与补充，母子关系只是一种生育关系[2]。另一方面，"父亲的权威并不由于其儿子已达到法定成人年龄而终止。只要父亲依然在世，

────────────

[1] 许烺光：《祖荫下：中国乡村的亲属、人格、社会流动》，（台北）南天书局，2001，第205—224页。
[2] 许烺光：《祖荫下：中国乡村的亲属、人格、社会流动》，（台北）南天书局，2001，第48—51页。

他便是祖先的代理人。父亲去世后，他也仅只是成为祖先之一，父亲的影响永远控制着儿子的命运，而儿子随后在广大的家庭网络中也最终会占有父亲的地位"①。在这里，父亲在家庭中尽管有着重要的地位，但这种地位并非绝对，随着时间的流逝，留在家庭中的男性通过娶妻生子迟早都会成为父亲，去世后最终成为祖先的一员。因此，父子关系的延续与维持是保证得到祖荫庇护及祖荫得以延续的根本。

二 与祖先的交流

日常生活中，每个农历月的初一日、十五日，家中的老人都会在祖先牌位前给祖先上香、供奉，年复一年。在平时的家庭生活中，父母在教育小孩时总是告诉他："你做什么坏事祖先们都是看着的。"祖先并未远离在世的人，而是和家庭中现世的人时刻生活在一起，尽管很多时候人们也说不清楚是哪位祖先在看着在世的人的所作所为。除了日常生活中的祭拜，一年中还有很多节日是为了专门祭拜祖先，其中最主要的是清明祭祀和农历七月十四"烧包节"。

每年清明节前后一个月是上坟祭祖的集中时期，哪怕兄弟之间已经分家单独成立门户，清明节的祭祀兄弟还是一同参与，而且清明上坟，会邀请出嫁的女儿以及亲戚朋友一同参与。大家准备香、纸钱以及食物，带上锅碗瓢盆在坟地架起锅灶一起做饭，多则三四十人，少则一二十人，如果近三年内家中有人去世，来参加清明上坟的亲友就会比平常的上坟祭祀要多一些。清明上坟是在世的人怀念祖先的重要方式，也是亲朋好友之间的聚会。清明上坟祭祖有一定的历史，明代的徐霞客在前往凤羽时目睹了清明节的祭祖活动，并对此做了详细的记录：

---

① 许烺光：《祖荫下：中国乡村的亲属、人格、社会流动》，（台北）南天书局，2001，第224页。

初五日　晨起欲别，尹君以是日清明，留宴于茔山，即土主庙北新茔也。坐庙前观祭扫者纷纷，奢者携一猪，就茔间火炕之而祭；贫者携一鸡，就茔间吊杀之，亦烹以祭。回忆先茔，已三违春露，不觉怃然！亟返而卧。①

徐霞客记录的应是现在凤翔村本主庙所在地狮子山坟地的清明祭祀场景，从中可以窥见白族社会自古对清明节的重视，不管家庭贫富，每年清明节都会坚持祭拜祖先。2008 年开始，由于山火频发，为了防止火灾，当地政府规定不准在坟山上生火做饭，不准点香、烧纸钱。最初的时候部分村民并未遵守这个规定，之后两年每到清明节，三四十个森警就会在山脚下守着，提醒村民不准在山上点火。村民看到这个阵势认为政府在这件事情上是认真的，于是也就只能遵守。这样一来不能在坟地上给去世的祖先焚烧纸钱、上香，所有的纸钱和香都只能放在坟墓前，当地白语称为"点生香"，即给祖先上的香、纸钱没点燃。在坟地上做饭也变得不可能，原来清明上坟家庭亲友团聚的习俗慢慢改变，如果说原来每年清明上坟是家族的大聚会，那么近几年的上坟是以小家庭为主。2014 年清明节的时候，我看到狮子山上上坟的家庭以父母与子女组成的 2～4 人为主，他们准备一些面包、水果到坟地进行简单的祭祀，香和纸钱就放在坟前，再也见不到每年清明祭祖时狮子山上袅袅炊烟升起、亲友在祖先坟前团聚的热闹场景。

清明节是去坟地，即祖先的"居所"祭拜祖先，而七月半②则是在家中祭拜去世的祖先。七月半也称为"鬼节"，从每年农历的七月初一一直到七月十四日，如果把整个节日看作一个仪式的话，那么从七月初一到七月十三日是仪式的前奏，七月十四这天是仪式的

---

① （明）徐弘祖著，朱惠荣校注《徐霞客游记校注》（下），云南人民出版社，1985，第 974—975 页。
② 尽管大家都称之为七月半，但并不是汉族社会所指的农历七月十五日，而是农历的七月十四日。

高潮。七月初一这一天晚饭时间要迎接祖先回家，按照当地人的说法，在这将近半个月的时间，去世的人得到阎王爷的允许回家与家人"团聚"，因此要将去世的祖先接回家中。女主人会盛一小碗米饭，取每样菜一小份放在米饭上面，带上一对香，把米饭和香都放在门口，根据自己的家族姓氏来请自己的祖先回家，像许姓人家会说："许家的祖先，请跟着我回家。"一边说一边走进大门，一直到祖先堂，这样祖先就算被请到家中了，当地人称之为"接祖先"，如果家人不去迎接，祖先就不能回家。稍作休息之后，主人家便在托盘中放入当天晚饭的各种菜肴到祖先堂前供奉，全家人要在祖先堂前磕头。从七月初一的晚餐开始，一直延续到七月十四日，一日三餐都要给祖先上香、供奉、磕头，家中吃什么，也要给祖先供奉什么，当地人认为这样才是真正和祖先在一起生活。

在七月初一日到七月十三日这段时间，各家各户都要抽出时间来做"包"，所谓"包"就是用纸做成的长方体的小盒子，里面装的也是用纸折成的金条状和银子状的纸钱，待"包"封好之后，在外面贴上用纸裁剪的衣服①，"包"的正面写有这个"包"是给哪位去世的祖先，谁给他送这个"包"，送"包"的人与去世的人之间是什么关系，一目了然。很多祖先其实现在的人都没有见过，尤其是对小孩子来说更是遥远，但每年家中的长者都会拿出祖先簿，根据祖先簿告诉年轻一辈每位祖先和家中的关系，几年之后，年轻一辈都能清楚地了解自己历代的家族关系。七月半这个节日一方面使去世的祖先得到了后人的祭拜，另一方面通过这样的方式让年轻一代了解自己家族的历史②，这是祖荫得以延续的重要基础。如果家中有人在上年七月十四之后到这年的七月十四之前这

---

① 根据衣服的颜色，可以判断这个包是给男祖先还是女祖先，红色、绿色的衣服是给女性祖先，而紫色、白色的衣服是给男性祖先。

② 凤翔村很多老年男性都接受过儒学的教育，在调查中经常看到爷爷在一旁教家中十多岁的孙子、孙女如何书写"包"上的内容，虽然看似一件简单的事情，但是这样的行为长年累月下来，年轻一代也慢慢掌握了自家的家史。

段时间去世,那么这年的七月十四是一个非常重要的日子,亲戚朋友们会在七月初一日到七月十四日这段时间给这家人家中送冥衣①,送来的这些冥衣被挂在堂屋的各个角落,在这些衣服上也写有"衣帖"②,即告诉你谁送来这件衣服,和去世的人之间是什么关系。

图1-3 七月半给祖先的包

图1-4 包的正面(内容有谁送的包,送给哪位祖先)

资料来源:2013年7月田野调查。

七月十四这天,可以说是七月半的高潮。所有的人在这天都会停下手中的活计,与祖先"团聚"。这天早上,要早早地起床上香,然后做一顿丰盛的早餐给祖先享用。吃过早饭之后,全家人都会围坐在堂屋中,意为与祖先团聚。这一天从早上到晚上,祖先堂前的燃香从不间断。如果家中有人在过去一年去世,那么七月十四这天,曾送来冥衣的亲戚朋友都会来家中祭拜。晚饭吃过之后,最重要的事情就是"烧包",即将之前做好的"包"焚烧,第二天早上将灰烬送到江边倒入江中,这样死去的人便能收到这些衣物钱财。据老

---

① 用碎布做成的小衣服,焚烧给去世的人。
② 如果死去的人是男性,那么衣帖就要粘在衣服的左边;若是女性,则要贴在衣服的右侧。

图 1 - 5　农历七月初一挂冥衣接祖先
资料来源：2013 年 7 月田野调查。

人说，七月十五日这天，死去的人要去赶集①，这天早上要早起给他们做早饭，尽早把灰烬送到江边，好让他们能有足够的钱财去赶集买东西。在他们看来，祖先生活的世界和现实的世界是一样的，他们需要钱财，需要赶集买东西，在世的人们要尽力满足他们的"要求"，否则祖先在另一个世界就不能过上好的生活，在世的人自然也得不到祖先的庇护。

图 1 - 6　农历七月半的祭祖活动　　**图 1 - 7　焚烧给逝者的衣服**

　　资料来源：2013 年 7 月、2014 年 7 月田野调查。

　　除了清明节和七月半之外，每年十月要到坟地"上冬坟"祭拜，给去世的人"送寒衣"。许烺光曾在其书中提到的与祖先进

———————————

①　当地人说祖先收到这些钱财之后去赶集，集市的名称叫"婉红街"。

行交流的"降神会"在凤翔村每隔两三年也会举行一次,通过"降神会"来了解祖先在另一个世界的生活情况及需求。祖先与现世家庭中的人之间相互依赖,现世的人希望能得到祖先的庇护,祖先则从现世的人这里获得他在另一个世界的所需之物。是否所有的一切真的都与祖先密切相关,我们不得而知,这一切都是在世的后人的解读,但不论如何,白族社会中祖先崇拜的观念深入每个白族人的心中,并形成了一套祖先崇拜的社会生活体系。

第二节 "祖荫下"的婚姻基本形式

人们世世代代都生活在祖先的庇护之下,父子关系是维护这种关系的根本,而在未来父子关系也将成为"祖荫"的一部分。"祖荫"一代代延续的前提是下一代的出生,这就离不开婚姻的缔结,白族社会传统的"男娶女嫁"婚姻形式是祖荫延续的重要基础。

一 嫁娶婚的缔结

20 世纪 80 年代之前,白族社会中大多数的夫妇生育两个以上的孩子,家庭中有四五个孩子的时候,一般都是家中女儿出嫁,儿子则娶媳妇进来,出嫁的女儿为夫家传宗接代,娶进来的儿媳妇又为自家生儿育女,这样的流动保证了每个家庭总体上的平衡。在这种情况下,男娶女嫁被视为天经地义的事情,也是白族社会主流的婚姻形式,且形成了一套得到社会认可的较为固定的嫁娶婚习俗。

"嫁娶婚"在婚礼前要经过说媒、订婚、求妻、下聘礼、备嫁妆几个阶段,婚礼当天要有接媳妇、梳妆、进门等仪式,婚后还要有回门、满七的仪式。其中最为重要的是订婚仪式及婚礼当天男方前来女方家接媳妇的仪式。

订婚是确定男女双方关系的重要仪式。订婚当天，媒人带着男方家的一些亲戚朋友前往女方家迎接女方及其亲戚，当地人称为"接亲"。在订婚这天男方家要做八大碗宴请亲戚朋友，女子在媒人的带领下去"认亲"：宾客吃饭期间，女子在媒人的带领下逐桌去认识男方家的亲戚，给席上的长辈们磕头，长辈们则要给女子一个红包略表心意。经过订婚仪式之后，女子就算是未过门的新娘了，这种关系也得到所在社会的认可，订婚之后双方家庭之间也以亲家之礼相待，平日有什么事情两家也要相互帮助。我对15 对 1995—2000 年间结婚的夫妇的调查显示，有 13 对都举行了白族传统的订婚仪式。2000 年之后，订婚仪式不断简化甚至直接被省略。

送聘礼是嫁娶婚的重要环节，聘礼的多少由媒人和女方家商量，如果女方家对男方给的聘礼不满意，可以让媒人出面来与男方家商讨。不同的时期聘礼金额也不一样，2000 年之前聘礼都在10000 元以内，如 3600 元、6600 元、6800 元、8800 元，依据不同的家庭情况有一定的差异，到 2014 年，聘礼在 10000 ~ 50000 元不等。男方家送来的聘礼主要用来为女儿置办嫁妆，有的父母为了让女儿风风光光地嫁人，大多数时候还要"倒贴"钱为女儿置办更多的嫁妆，或者将男方送聘礼的钱原数送回作为女儿的嫁妆之一，然后父母再自己掏钱为女儿购买其他嫁妆。在我所调查的嫁娶婚中，聘礼的收取并非如一些人所想的有买卖女儿之意，大部分的家庭嫁女儿父母都要"贴钱"。

婚礼当天接媳妇是婚礼中最重要的仪式。中午时分，媒人带领着陪郎、新郎的兄弟姐妹、亲戚朋友前往女方家接媳妇[①]。离开家之前，新娘要向祖先、父母、长辈一一磕头，一方面是

---

① 在凤翔村，前往新娘家"接媳妇"这个仪式由媒人负责，新郎不需要前往新娘家，只需在新娘到达新郎家时在门口迎接，这一习俗与梁建方的《西洱河风土记》中所记载的唐代前期洱海区域"婿不迎亲，女至其家"相一致。

感谢他们的养育之恩，也有和他们告别的意思，因为从此以后新娘将离开父母去夫家开始新的生活。有的新娘由于无法割舍与父母的感情，在出嫁时哭得异常伤心，边哭边诉说对父母的感激与难舍之情，也就是"哭嫁"。新娘出嫁时新娘的亲戚朋友会跟着前往新郎家，当地人称之为"送亲"。新娘从娘家出来的时候穿着和平时没有什么两样，到了男方家之后才开始梳妆打扮。送亲的队伍中还有送粮队，即让七八个小孩子用背篓背着半篓稻谷，算是新娘的口粮，而这也意味着从此之后新娘就要与新的家庭成员一起吃住。接媳妇的仪式象征着女儿从此离开父母加入丈夫的家庭，哪怕两家相隔几百米，接媳妇的仪式也是不可忽略的。

在这里要强调的是新娘梳妆和进门仪式。新娘到达新郎家之后，还不能直接进入新房，要到二楼梳妆打扮，换上新的衣服。之后，她要从二楼来到一楼的新房，白语称为"进门"，两个小男孩手持燃烧的明子[①]在楼梯口等候，新娘从二楼下来，在新房门口跨过马鞍，再跨过门槛上的席子迅速进入新房。"进门"有着非常强的象征意义，进门仪式之后新娘便彻底进入夫家，成为夫家家庭的一员[②]。"进门"仪式之后，婚礼的提调[③]吩咐厨师准备精致的八大碗，叫"辞娘席"，并派人送去新娘的娘家。"辞娘席"有感谢新娘父母之意，同时也象征着女儿与父母之间的辞别，新娘未来将归属于夫家。婚礼当天接媳妇、梳妆、进门等一系列神人共鉴的仪式意味着新娘正式成为新郎家的一员，每一个仪式都象征着新娘身份的转换，也向他人宣称之后新娘作为"儿媳妇"的身份。

---

① 松树上的松油脂积攒到一定程度之后，会在松树的树杈、根结部形成明子，易燃，在当地，人们常用明子来引火。

② 关于婚礼的详细仪式及意义，可参见李东红《乡人说事：凤羽白族村的人类学研究》，知识产权出版社，2012，第150—183页；许沃伦：《中国白族村落影像文化志——凤翔村》，光明日报出版社，2013，第94—113页。

③ 提调在婚礼、葬礼等仪式中负责各种人员的调配，指挥何时进行何种仪式，是整个仪式的总调度师。

图 1 - 8　新娘 "进门" 前梳妆打扮的地方

资料来源: 2013 年 1 ~ 3 月、2015 年 1 月田野调查。

二　家庭结构及继嗣

在 20 世纪 80 年代之前, 由于人口流动非常少, 凤翔村传统的婚姻以村内通婚为主, 即官路、元士、中和、石充、太和五个充之间相互通婚, 那时候谁家要是娶了一个汉族媳妇, 立刻就会在整个村寨中流传开来。在多子女及村内通婚的背景下, 围绕着父系和母系所形成血亲和姻亲在整个村寨内形成错综复杂的亲属关系网络, 人们总能上溯几代, 通过血亲或者姻亲关系找到一些互为亲戚的 "证据"。近距离的村内通婚使得血亲与姻亲之间往来比较密切, 整个凤翔白族村形成了一个 "亲戚社会"①。在生计方式以农业为主的村落社会中, 村落社会与亲戚社会的重合有助于平日的生产和生活。

---

①　对传统凤翔村是一个亲戚社会的原因解析, 这里我只是分析了其中一个方面, 详细的分析可见李东红《乡人说事: 凤羽白族村的人类学研究》, 知识产权出版社, 2012, 第 126—134 页。

以前大家都在村子里以种田为主，每年栽秧、收割稻谷的时候，会和老公家几兄弟还有我娘家的兄弟姐妹商议哪家先栽秧或者收谷子，决定之后大家就相互帮忙，我家做完了就去其他家，集中几天各家的活都做完了。有时候临时人手不够，也可以叫上自己的兄弟姐妹来帮忙，很多人都羡慕我们家兄弟姐妹多，遇到事情在气势上也比别人强嘛。①

因此，多子女家庭在传统白族社会中占有一定的优势，即便是出嫁的女儿，也可以充分得到兄弟支持和帮助。但当涉及家庭继嗣的时候，只有儿子才有绝对的权利，在"不孝有三，无后为大"的观念中，家庭中的继嗣是按照父系来计算和维系的，只有通过生育儿子才能实现后代的延续，女儿在这个过程中被排除在家庭继嗣的行列外，那些不能生育儿子的家庭通过别的方式来实现有儿子的愿望，比如许烺光提到的娶妾来生育儿子、延续香火成为家庭中男性的"特权"。加入夫家的女子生育的不管是男孩还是女孩都跟着夫家姓，最少生育一个男孩是比较理想的状态。孩子尤其是儿子跟着父亲姓是家庭中香火得到延续的重要表现，这在中国社会也被视为天经地义的事情。未出嫁的女子在家中受到父亲这一边祖先的庇护，但这种与父系的关系只是暂时性的，女性在嫁入夫家之后得到的是夫家祖先的庇佑，平日祭祀的是夫家的祖先，通过为夫家生育子女延续后代，去世之后也成为夫家祖先的一员。嫁入夫家的女性虽然在去世之后进入夫家祖先的行列，但是往往首先被冠以夫家的姓，然后才是自己的姓，比如姓李的女性嫁到姓张的家庭中，李女去世之后是称为"张母李氏××"。在女性去世之后的碑文中，以及祭祖节焚烧给祖先的"包"上都是冠以夫家的姓来称呼。女子在婚后都要尽量融入并最终成为夫

---

① SSJ，55 岁，自己有两个哥哥、一个妹妹，丈夫家有五个兄弟。本文所述田野调查材料，若无特殊说明均为笔者在 2013 年 7—10 月，2014 年 1—5 月、7—11 月，2015 年 2—3 月间在大理地区调查所得。

家的一员。

在传统的家庭中，孝顺除了包括延续家庭的继嗣，也包括承担起赡养父母的责任，这两个责任主要由家庭中的儿子承担起来，女儿被划在家庭继嗣、财产继承及赡养父母的行列之外。村寨中出嫁的女儿对父母的孝顺主要是出于情感的义务，比如回娘家时给父母带礼物，给父母一些零用钱，或者买衣服给父母。年迈的父母无人赡养，人们多半会谴责儿子，把"不孝"怪罪到留在家中的儿子头上，当父母去世成为祖先的一员，人们认为"不孝"的儿子得不到父母的庇护。

在嫁娶婚的基础上，白族传统家庭组成形式主要有两种，一种是父母与未婚子女在一起生活，即我们所说的核心家庭；另一种是三代同堂的家庭。在子女较多的家庭，一般是女儿出嫁，儿子留在家中娶媳妇，如果有两个或两个以上的儿子留在家中，当其中一个儿子或者几个儿子结婚之后，分家成为必然的选择。"分家"在白族语中有两种说法，一种说法是"jɤ⁴⁴khi⁵⁵"，即"分开吃饭"之意；另外一种称为"fv³⁵tɕɑ³⁵"，"tɕɑ³⁵"意为"财产"，直译过来就是"分财产"的意思。所谓财产，在传统的以农业为生的家庭中主要包括居住的房屋和耕种的田地，房屋和田地属于留在家中的几个儿子，尽管相关法律中规定女儿也享有继承财产的权利，但这一法律在传统的白族社会中并未实现，部分家庭会分出一块耕地给出嫁的女儿已经算是很不错的，至于房屋，出嫁的女儿并没有继承的权利。从这个意义上来说，"分家"在传统白族家庭中主要是兄弟间在三个方面分开，一是饮食上分开，二是各耕其地，三是各自管理平日的经济收支。大部分的家庭由于住房有限，分家之后几个兄弟依然是同在一个屋檐下生活，只是各自搭建起自己家的厨房，这也是当地人用"分开吃"来表示"分家"的主要原因，分爨成为分家的一个重要标志。分家之后父母要么和其中一个儿子及儿媳分在一起，要么单独分出来生活，每个儿子给一定的生活费，还有一种情况是父母由几个儿子轮养。

嫁娶婚基础上形成的家庭结构基本以夫家为主，妇女在这个过程中更多的是一种从属于夫家的身份。

三　女性的从属身份

尽管法律规定子女都有继承父母财产的权利，但实际的情况是出嫁的女儿并不能得到父母的家庭财产，且这被认为是理所当然的事情。婚后女性要"从夫居"，从夫居意味着女性离开原来的亲属集团加入丈夫的家庭及亲属集团，其背后也隐含着女性从此归属于夫家，一切的生产和生活都是围绕着夫家而展开。这个过程中充满着适应与矛盾，即"在父系制的象征秩序中，女性的一生都处于从'娘家人'向'婆家人'过渡的'阈限'状态"[1]。女性在从夫居的背景下处于一种被动的地位，被娘家"泼"出去之后，尽管她可以与娘家经常保持互动与来往，但并不能随意离开夫家回娘家居住。

在凤翔村，传统婚姻以村内通婚为主，一方面使得整个村寨形成了一个互助的亲戚社会；另一方面由于距离比较近，女方父母是出嫁女儿的坚强后盾，一些结婚不久的媳妇加入新的家庭后与婆家发生矛盾时会选择"回娘家"，如果是婆家的错，几天之后婆家人就会登门认错，希望儿媳妇能回婆家；如果是女儿的错有时候父母还要向婆家致歉，并把女儿带回夫家。我对 30 位 35—45 岁之间的出嫁妇女调查中，有 13 位有过一次或一次以上因生气而"回娘家"的经历，这在一定程度上说明娘家是出嫁妇女强有力的后盾[2]。如果没有特别严重的情况，因生气而"回娘家"的妇女在

---

① 李霞：《娘家与婆家——华北农村妇女的生活空间和后台权力》，社会科学文献出版社，2010，第 223 页。

② 调查中，我遇到两例是上门女婿因为与妻子家庭之间的矛盾而选择"回娘家"，其中一位女婿在妻子家亲戚的劝说下回到了妻子家；另一位女婿尽管也有妻子家的人来劝说，但由于各种原因，他最终选择与妻子离婚。

情绪平复之后终究还是要回到夫家。一位妇女曾这样说："我总不能因生气而天天住在娘家，毕竟我已经是父母嫁出去的女儿，回来住的时间久了，弟媳妇难免会有意见。"这种"回娘家"是暂时性的，一个出嫁的女儿不可能长期回娘家居住，这很容易引起弟媳等人的不满。且随着时间的流逝，父母离世，兄弟成婚，嫁出去的女儿与娘家之间的关系也会越来越远，不管是自我的归属还是他人的定位，她唯一的归属还是夫家，也只有通过在夫家的生活及生儿育女，她最终才能不断提升自己在夫家的地位。"生于斯但并不老于斯"是这些出嫁女儿的真实写照，而大多数男性自始至终都没有离开自己所在的家庭和亲属集团。

第三节 "上门"：仍在"祖荫下"

男娶女嫁的婚姻形式是一种比较理想的婚姻状态，但如果家中没有儿子，为了保证家庭中血脉的延续，只有女儿的家庭就不得不"招女婿"，即采取"男嫁女娶"的婚姻形式。

一 上门婚的缔结：更名换姓

"招女婿"的仪式与"娶媳妇"相似，只不过婚礼当天接媳妇变成接新郎，婚礼以女方家操办为主。招女婿最重要的一个仪式就是为上门女婿"更名换姓"，即为上门的男子重新取一个名字，跟着女方姓，名字中的一个字与岳父家某个堂兄的名字中的一个字相同。这个仪式之后男子正式成为女方家的一员，也象征着上门女婿犹如女方家的儿子。婚后如果有两个儿子，第一个儿子跟着母亲姓，第二个儿子可以跟着原来的父亲姓，有权利回父亲的"娘家"继承一份财产，即"长子立嗣，次子归宗"。"更名换姓"之后，日常生活中还是称呼他原本的名字，但是在碑文中、祖先簿中出现的则是"更名换姓"之后的姓名。

图1-9 女方家为上门女婿"更名换姓"的更名帖

资料来源：2013年5月田野调查。

在图1-9这个起名帖中，"卓鹏"即是为上门女婿所起的名字，"鹏"字是取自其堂兄弟的名字中的一个字。由于S家有三个女儿，因此大女儿便"招女婿"，尽管两人在外做生意，且大部分时间在丈夫家生活，但婚礼中"更名换姓"的仪式并未因此而被忽略，家人依然请村寨中的长者以及家中的长辈参与了"更名换姓"的仪式。

许烺光曾经提到"上门婚"在喜洲普遍存在是由于"上门"可以帮助贫困的男子改变处境，这种情况并不是不存在，但根据我自己在凤翔村的调查，这并不是上门婚普遍存在的主要原因。我在村寨中调查的情况显示，家中只有女儿的至少要为其中一个女儿招上门女婿，有的家庭为两个女儿招女婿。招女婿的家庭其实是希望女婿在未来承担儿子对家庭的责任，因此找一个勤劳、能干的女婿非常重要，儿子较多的家庭，都会选择让比较能干的儿子去做上门女婿，这样比较容易在女方家站稳脚跟，对双方父母来说都是值得骄傲的事情①。因此在我看来并不能把上门婚完全归结于经济的原因，相比较而言出于继嗣的考虑更为重要。

二 上门婚的家庭结构

尽管上门婚中上门的男子在日后可以选择"长子立嗣，次子归宗"，但绝大部分的男子并不会选择让自己的孩子回"娘家"继承财产或生活，只是让第二个孩子跟着自己姓，生活还是在女方家。在凤翔村，归宗的情况在 55 岁以上这辈人中还是比较常见的。例如我调查的 YJZ 家就是这一类情况，YJZ 的父亲是上门女婿，YJZ 父亲有三个同母异父的兄弟。婚后生的第一个儿子跟着母亲姓 D，第二个儿子则跟着父亲姓原来的 Y 姓，算是次子归宗父亲这一方，但是平日依然是在一起生活，第二个儿子也没有去继承父亲那边的财产，更多只是一种形式上的归宗。

上门的男子婚后加入妻家的生活圈和亲属圈，所有的事情围绕着妻子家展开，作为上门女婿来说，如果能承担起妻家的事务，尽心尽力做好那些本该由儿子做的事情，会得到村民的认可和称赞。上门女婿在此过程中既树立了自己在妻家亲属圈及所加入村寨中的地位，同时妻子家也会因此而自豪。L 男 38 岁，由太和充到石充 S 家上门，S 家有两个女儿，父母为两个女儿都招了上门女婿，小女儿和女婿长期在外做生意，于是家中的所有事务都由 L 男承担起来。在 L 男和妻子的共同努力下，两人自己筹备资金新建房屋，L 男在平日的生活中也尽力去帮助别人，在村民看来是一个"懂礼、讲道理的人"，因此尽管是上门女婿，但是 L 男在村寨中已经树立了自己的名声，有的村民对 L 男评价说"亲儿子都不一定能做这么好"。L 男有一个儿子一个女儿，两个孩子都跟着母

---

① 村寨中绝大部分的上门女婿在加入女方家庭之后慢慢承担起家庭的责任，这种情况大多数会得到村民的赞美，也有部分上门女婿由于自己和妻子父母的原因产生矛盾，甚至最后以离婚告终。

亲姓 S。但并不是所有的上门女婿都能像 L 男很好地融入妻子的家庭及亲属圈，在调查中也遇到有的上门女婿和妻子家的人无法和睦相处而导致夫妻争吵甚至离婚的情况发生，这种情况发生的最主要原因村民认为要么是女婿能力比较差，要么就是女方家庭太强势。

尽管在上门婚中女性还是留在原来的父系家庭，婚后所生的孩子跟着母亲姓，但严格意义上来说女儿并未被算入家庭继嗣的行列，家庭依然需要一个"儿子"来延续血脉，上门婚中为上门女婿"更名换姓"的仪式很好地说明了这一点。"更名换姓"之后的男子被视为女方父母的"儿子"，婚后所生孩子跟着父亲姓"更名换姓"之后的姓，也就保证了父系继嗣的传统。"更名换姓"这个仪式使家庭中父系继嗣变得更为合理。因此，我认为上门婚并未脱离父系继嗣及父系祖荫的核心，上门婚的存在依然是为了延续父系为主的家庭及祖荫。

不管是嫁娶婚还是上门婚，其重要目的之一是实现父系家庭的延续，让自己和下一代依然能生活在祖先的庇护之下。家中子女较多的时候，家庭中既有出嫁/上门的，也有娶/招的，多子家庭与无子家庭以及多女家庭之间形成一种互补，维持了传统白族社会中性别、婚姻的平衡，在这种动态的平衡中，每个家庭各取所需，家庭的继嗣也得以延续。

第二章 "祖荫"遭遇现代性

20世纪80年代以来，随着中国农村改革、计划生育政策的实施，国家以直接或间接的行为对传统婚姻家庭产生影响。农村改革以改变生产资料占有方式的形式动摇着农村传统家庭的基础，计划生育政策对中国多子多福的家庭观念产生了影响。"之所以把婚姻家庭变动与社会变革联系起来，是因为人属于一种社会的人，社会的人受制于一定的社会组织方式；同时人是一种经济的人，她要借助于一定的经济组织来进行生活资料的生产，或通过某种经济组织获取生活资料。社会、经济组织方式的变化，将对人的生存方式带来直接的影响。首先受到影响的是人的婚姻家庭行为。"[①] 王跃生说："中国80年代初期的农村改革促进了农业发展，更是对农民生活领域的拓展，数千年婚姻家庭赖以存在的乡土社会受到全面冲击。"[②] 在这样的背景下，凤翔白族村乃至整个大理白族地区的传统婚姻及家庭都发生了很大的变化，白族社会强调的"祖荫"如何延续成为一个问题。

第一节 "离家"：生计模式与居住格局的变迁

传统的凤翔村是一个血缘与地缘高度重合的社会，以农业为

---

① 王跃生：《社会变革与当代农村婚姻家庭变动研究的回顾和思考》，《当代中国史研究》2002年第5期。
② 王跃生：《社会变革与当代中国农村婚姻家庭变动——一个初步的理论分析框架》，《中国人口科学》2002年第4期。

主的生计方式使得农民对土地有很强的依赖性。20 世纪 80 年代之后，人们开始尝试多样化生计方式，一些村民开始走出凤翔村寻找新的出路。尤其是 2000 年之后，离土离乡已经成为很多年轻人的选择。

一　从耕读传家到"走出去"

凤翔村有着"文墨之乡"的美誉，明清时期儒学在洱海区域得到了很好的发展，在这个时期凤翔村进士辈出，私塾、义学馆等纷纷出现①。现在凤翔村的凤翔小学就是在清康熙年间，由邓川州贡生阿霖等人在凤羽乡创办的凤翔义学馆的基础上发展起来的，在"清光绪三十年（1904）凤翔书院改设凤羽乡两等小学堂，为浪穹县学堂之始"②，由此可见凤翔村的儒学教育在浪穹县内是走在前列的。

人们虽然重视教育，但是农业生产依然是其生活的根本保障，于是在凤翔村形成了"耕读传家"的传统，即使一些人外出接受教育，最后还是会选择回到凤翔村或者附近的乡镇工作，且依然会选择在本村内娶媳妇。

> 我从师范学校毕业之后，在父亲的要求下回到凤翔小学教书，工作几年之后，我 25 岁的时候家里就给我找媳妇，那时候不像现在还讲什么恋爱自由，我们那一辈很多婚姻都是父母包办的。我媳妇是普通的农民，读过几年小学，平时她主要负责一些农活，放假和周末的时候我也会参加农业生产。那时候很多人都羡慕我们这样的家庭，家里既有"吃公家饭"的人，我媳妇又可以照顾农事和孩子，生活也比较宽裕。③

---

① 详细资料见杨茂铨《凤羽志》，1985 年油印本。
② 洱源县教育局教育志办公室编纂《洱源县教育志》，内部发行，1998，第 5 页，现存于凤羽镇镇政府。
③ XCS，54 岁，小学教师。

在调查中，我遇到很多这样的夫妇，年龄在 50 岁上下，丈夫外出接受教育之后回乡在学校或者政府等部门工作，妻子则是普通的农民，当初基本是在媒人介绍父母包办的情况下结为夫妻。尽管很多人外出接受了更好的教育，但在传统观念的影响下他们还是会选择回到老家或者离老家近一点的地方工作，父母也希望儿女能回来自己身边，尤其是承担着家庭继嗣的儿子。回到老家之后父母会在本村为其找媳妇，因为按照父母的理解，找一个本村的媳妇，"知根知底，生活习惯一样，相处起来也容易，而且婚后儿媳妇可以承担起家里的农业生产"。家中所谓的知识分子除了上班时间之外，在空闲时间也参与家中的农业生产，这些人并未完全脱离土地，依然在践行着耕读传家的传统。

> 大概是 1982 年，我高中毕业，本来打算考大学，但是父亲不同意我外出。母亲是在她前夫去世之后再嫁给我父亲，带着我的两个哥哥和一个姐姐，虽然我们相处很好，从小他们就领着（照顾）我，但毕竟父亲觉得他的血脉就只有我了，而且我父亲也是回来 X 家归宗的，所以这一支也就只有他一个人，他又只有我一个孩子。加上那时候姐姐已经出嫁，大哥回到他生父家继承财产并结婚生子，二哥去昆明工作，我父亲觉得我要是出去读书，万一以后不回来，家里没人帮忙干活不说，他死了都没人在身边，X 家他这一支还怎么延续？基于各种情况的考虑，我没有继续读书，就在家帮助家里干农活，过了两年家里给我找了媳妇，结婚生子，一辈子就这样了。①

儒学对凤翔村的影响是非常深远的，一方面，很多人接受了

---

① XST，53 岁，农民，高中文化。

儒学的教育和熏陶，这对于整个凤翔村的发展产生了深远的影响，一直到现在家家户户都非常注重孩子教育的传统也与此分不开；另一方面，受儒学观念的影响，当地传统白族家庭中父亲在世时在家中有一定的权威，非常注重父系家庭的延续和发展，"不孝有三，无后为大"的思想深入人心。儒学的影响以及家庭对土地的依赖，使得很多"走出去"的人最终还是会选择回家延续耕读传家的传统，在生计方式未发生彻底改变的情况下，传统白族家庭的结构并未发生改变。20世纪80年代到90年代，很多人开始尝试"走出去"之后选择在外发展，随着时间的流逝，"离土离乡"成为一种主流的生计方式。

二 离土离乡的多样化生计模式

农业生产本身的特点将农民束缚在土地上，传统家庭对土地的依赖又非常强，加上凤翔村土地肥沃，水资源丰富，算是富庶的"鱼米之乡"，很多人不愿轻易放弃农业为主的生计方式，以农业种植为主、农牧养殖相结合成为传统家庭主要的生计方式。大春①"水田"种植水稻，"旱田"种植玉米、大豆，小春作物以油菜、小麦、蚕豆为主，这种种植结构最明显的特点就是保口粮以及保饲养家畜的粮食。这样的种植结构第一次发生大的变化是在20世纪90年代，当地开始种植烤烟，第二次是1995年大面积种植大蒜，有的农户将原来种植水稻的水田改为旱地种植大蒜。种植结构的变化一方面受政府的影响，另一方面农民传统的农业生产保口粮的观念也发生了改变，在他们看来，烤烟和大蒜都是经济作物，能卖得较高的价钱，有钱之后可以购买粮食，并不一定需要自己种植水稻。市场经济对当地人的影响就在这样的过程中不断加深，最明显的就是人们对"包副业"的理解的

---

① 凤羽地区作物一年两熟，有"大、小春"之分。每年夏种秋收称为"大春"，秋播夏收称为"小春"。

变化。

"包副业"是在 20 世纪 70 年代末 80 年代初出现的现象，即村民离开村寨外出找工作，从这个词也可以看出，外出做的这些工作被定义为"副业"，也就是说那时候村民心中依然视农业为主业。从事农业之外的"副业"在凤翔村其实一直都存在，在集体经济时代，一些村民通过卖鱼、布、酒、豆腐等来积累一点私人财产，从事这些"副业"都是在不公开的情况下进行。自 20 世纪 70 年代中后期开始，尽管国家对"副业"的一些限制开始放松，但村民并未大规模外出"包副业"，最多只是在集市上从事一些小买卖，或者批发一些日用品去附近的炼铁、乔后等地售卖。20 世纪 90 年代之后，部分村民开始到兰坪、香格里拉等地"包副业"。通过当地村民对"包副业"的认识和实践过程，也可以看到凤翔白族村中人们生计方式变迁的过程。

到 2000 年左右，凤翔村外出做副业的人越来越多，村民认为外出做副业比在家里种田要赚钱，村民对土地的依赖越来越弱，部分村民开始完全脱离农业生产。

> 现在国家政策好，对农民有各种补助，比起以前种田确实好多了。以前早出晚归种田，一年也就勉强糊口。(20 世纪) 90 年代初的时候出去包副业的人少，大家都还是种田为主，一听说哪家要把地租出去，大家都抢着去承包，每年给出租者几百斤粮食，剩下的就是自己的，那时候多承包点地就高兴，因为收成就会多一点。你看现在大家都出去了，没几个人愿意去种田了，现在都不给国家交粮了，但你免费给别人种别人都不愿意种，一年下来也赚不了多少钱。①

---

① CX 妈，58 岁，农民。

图 2 - 1 2010 年 2 月狮子山上　　图 2 - 2 2015 年 1 月狮子山上
俯瞰凤翔村　　　　　　　　俯瞰凤翔村

资料来源：2014 年 6 月、2015 年 1 月田野调查。

　　在调查期间，我也看到村民在 20 世纪 90 年代为了增加农产品产量开辟的"荒地"① 成了名副其实的荒地，一米多高的杂草肆意生长，田间小路被杂草和垃圾遮盖，甚至部分肥沃的土地也成为荒地，成片的庄稼地里再也看不到昔日农民忙碌的身影。图 2 - 1 和图 2 - 2 是在同一地点拍摄的凤翔村俯瞰图，时隔 5 年，图中的秧苗地都已长满杂草，不仅是秧苗地，连原来人们认为肥沃的田地一部分都开始荒废。村里人也不再喜欢谈论庄稼的收成或谈论当年庄稼的长势，他们更喜欢谈论的是谁家在外打工的孩子又给家里寄了多少钱。即使留在村中的村民也认为农业生产变得不重要了，他们常常挂在嘴边的话是"守着那点田能守出什么呢"。为了更好地展现农民对土地的依赖日渐减弱，我收集了凤翔村部分家庭一家三代人职业变化的情况，以此来看生计方式的变化，见表 2 - 1。

表 2 - 1 凤翔村部分家庭三代人的职业

序号	家庭	祖父/祖母	父/母	"我"/兄弟、姐妹
1	F1	干部/务农	个体户/务农	个体户/开饭店
2	F2	教师/务农	教师/务农	航空公司/水泥厂

---

① 自己家在山脚下开辟的一些地，土地并不肥沃，当地人称之为荒地。

续表

序号	家庭	祖父/祖母	父/母	"我"/兄弟、姐妹
3	F3	务农/务农	务农,兼碑刻/务农	会计/云铜集团
4	F4	务农/务农,兼酿酒	务农,兼木工/务农	建筑公司/教师
5	F5	务农/务农	务农/务农	打工/打工
6	F6	务农,兼写对联等/务农	务农,曾外出打工/务农	教师/读书
7	F7	务农,兼村干部/务农	务农,兼屠户/务农	打工/读书
8	F8	务农/务农	教师/务农	医生/军人
9	F9	务农/务农	务农/务农	云天化/卖化妆品
10	F10	务农,兼马匹运输/务农	务农,兼木材生意/务农	会计/读书
11	F11	务农/务农	教师/务农	森警/个体户
12	F12	务农,兼村干部/务农	做生意/做生意,后务农	信用社/大巴司机

注:表格中,我以第三代的"我"为中心,家庭也是以第三代的"我"名字的缩写代替;选取的第三代人都是1980—1995年出生,父母年纪40—60岁;祖父母、父母亲之间的分工并不是绝对的分开,将一方占主导的副业归在其名下,在现实生活中,大部分时候他们是相互协作的;在涉及第三代的职业时,有的人不愿意谈及自己具体从事的工作或行业,因此部分只有公司名称,或者是以打工笼统称之。

资料来源:2013年7月—2014年3月田野调查。

通过表2-1我们可以看到三代人生计方式的变化:第一代人以务农为主,少部分家庭兼营其他的副业,这一代人不管是务农还是有公职身份的,绝大部分家庭的生活还是围绕乡土社会展开;在国家政策影响下,部分家庭中第二代人开始外出做副业或者在当地经营副业,但农业生产依然是家庭生活中重要的一部分;家庭中的第三代人,目前来说基本都脱离了乡土社会,年轻人外出读书、工作、打工、做生意,既离土又离乡,农业生产对于他们来说成为一种"历史"。在调查中,平时很难在村子里看到几个年轻人,更不用说专门在村子里务农的年轻人了。如果说曾经人们定义农业为"主业",其他都算是"副业",那么现在是"副业"成了"主业",原来的农业成了村民的"副业"。多样化生计方式的出现让现在的年轻人完全脱离了土地,传统的"耕读传家"中"读"的传统依然延续,而"耕"的内容开始消逝。

三 "独家院"背后的忧愁

白族传统的居住格局中，由于"同宅分家"的习惯，几户人家居住在一起是很常见的事情，一般来说这几户人家是带有亲缘关系的，要么是几兄弟，要么父辈是兄弟，一个院子里少则有两户人家同住，多则四五户人家。从20世纪90年代开始，人们努力去改变这种格局，争取能住上"独家院"，为自己和子女创造更为舒适的居住环境，这几乎成了每一个住在大院落的人的愿望。20多年过去了，现在凤翔白族村家家基本都实现了住"独家院"的愿望，按照他们原本的计划，接下来在新建的房屋为子女娶妻招婿，之后便可以颐养天年，他们这一生也算完满了。但计划永远没有变化快，社会的发展与家庭观念的变化有时击碎了父母美好的愿望。

> 我现在盖好了新房，准备再过两年为两个儿子娶个媳妇，这辈子也就没什么心愿了。结果现在大儿子说以后家里的新房他不住，留给他弟弟，他想在下关买房，希望我们能资助他首付15万（元）到20万（元），以后月供他来还。你说我们这一辈子在农村，把子女养大，新房都为他们盖好了他们不住，现在还要资助他们买房，不资助他们觉得"对不住"他们，可是要哪里去拿这么多钱？（无奈的语气）①

生计方式的改变带来了居所的改变，在老家盖的新房对于年轻一代来说并没有什么实际的用处，更多的时候他们需要的是在

---

① 调查中得知，她家盖新房前前后后花了接近17万元，还有3万元的贷款未还。凤翔村是个富饶的"鱼米之乡"，以农业生产为主，人均耕地面积不过0.7亩左右，能满足平日吃饭穿衣，当地人很多都会经营一点小生意来增加平日的收入，但17万元并不是一个小数目，对于老一辈来说也算是毕生的积蓄。

工作地的居所，这是很多家庭都存在的情况。现在子女准备结婚的这一辈父母年龄一般都在 45 岁以上，他们大部分的时间是在农村生活和劳作，对于以农业为生的他们一下子要拿出十几万元是比较困难的事情。现在一些父母也尝试着进城打工以获得更多的收入，但对于大部分父母来说做出这种选择很艰难。

> W 父：我现在家里有年迈的父母需要照顾，再说我大半辈子都在农村，现在年纪大了进城打工也不知道能做什么，索性就在家了。家里的老房子只要不倒塌，我也不打算盖新房了，现在盖了房子的有几个子女会回来住？我先把钱攒着，万一以后孩子要在外面买房子也好资助他们一点。

> S 男①：我 18 岁就出去做副业，现在已经做了快 20 年了，以前我们四个兄弟都在一个院子里，大哥二哥结婚之后也住在一起，虽然说不是没地方住但总觉得有点拥挤。现在大哥二哥已经在新的宅基地上各自建房，我也在香格里拉购买了房子，家里的那一院现在留给我弟弟，但他也是在外工作，平时就只有我父亲守着那一大院，除了春节我们回来住几天，平日里都是空荡荡的。

在凤翔村，新盖房屋是人生中的一件大事，体现着其自身的勤劳和家庭的能力。父母理想中的"独家院"本该是一家人其乐融融地生活在里面，子女外出工作后，"独家院"只是子女暂时歇脚的一个地方，平日的生活只剩下年迈的父母，部分父母为了能在未来资助子女在城市买房，不得已放弃在村寨中修建新房的毕生愿望。

---

① S 男，37 岁，在香格里拉承包修路等工程，已经在那待了快 20 年，其妻子也是香格里拉的，正如他所说他也算是半个香格里拉人了。

第二节 核心化：家庭结构变迁

白族社会普遍存在"多子多福"的家庭观念，强调家族和世系的扩大与延续，有着大家庭的理想以及实践。随着社会的不断变迁，白族传统的联合大家庭逐步向核心小家庭转变。正如王跃生所说，"政府虽并未对家庭类型施加影响，但通过改变生产资料占有方式，触动了传统家庭的存在基础，家庭核心化局面在短期内逐渐形成"[①]。

一 大家庭的理想与现实

家庭有不同的分类，按照家庭规模来分有大家庭和小家庭之分，这是一个相对的概念；按照家庭代际关系可以分为核心家庭、主干家庭以及联合家庭[②]。但在现实生活中家庭实际情况远比定义的要复杂。为了更确切地表达白族家庭结构的变化，我结合这两种家庭分类的方法来定义我所说的大家庭和小家庭：大家庭主要指子女较多，有两个或两个以上的核心家庭居住在同一屋檐下，或者是父母与两对或以上的夫妻组成的家庭；小家庭是相对于大家庭而言，主要是指核心家庭以及主干家庭。

所谓大家庭的理想，按照许烺光的解释，即"所有的儿子都生活在同一个屋檐之下，而且他们或多或少享有同等的继承权"[③]。

---

① 王跃生：《社会变革与当代中国农村婚姻家庭变动——一个初步的理论分析框架》，《中国人口科学》2002 年第 4 期。

② 关于家庭的分类，具体可参照邓伟志主编《家庭社会学》，中国社会科学出版社，2001，第 38—39 页。核心家庭指的是由父母和未婚子女组成的家庭；主干家庭指由两代或两代以上夫妻组成，每代最多有一代夫妻且中间无断代，如父母和已婚子女组成的家庭；联合家庭指家庭中任何一代有两对以上夫妻，如父母和两对或两对以上的夫妻组成的家庭，兄弟姐妹婚后不分家的家庭都属于联合家庭。详见第 39 页。

③ 许烺光：《祖荫下：中国乡村的亲属、人格、社会流动》，（台北）南天书局，2001，第 94 页。

在白族社会中，尽管长子在家庭中有着重要的地位，往往要承担起家庭继嗣及家庭发展的重任，但这并不完全等同于我们所理解的"长子继承制"。如果一个白族家庭中有三四个儿子，且都留在家中娶妻生子，那么几个儿子都可以在原来的家庭中分到一份财产，同时也延续着家庭的继嗣。

大家庭存在的一个基本前提是多子女的存在，家庭在原来的基础上不断扩大，或是维持原来的规模。在 20 世纪 80 年代之前，白族社会也一直践行着多子多福的大家庭观念。我随机选取了村寨中 40—50 岁、51—60 岁、61—70 岁、71—80 岁、81—90 岁几个年龄阶段的妇女一生所生的孩子数量，以此来看家庭子女与大家庭结构的变化，见表 2 - 2。

表 2 - 2　不同年龄阶段妇女所生的孩子

	年龄（岁）	儿子（个）	女儿（个）	总子女数量（个）
SF 妈	84	6	0	6
ZYL	86	4	2	6
SQD	87	4	1	5
SRD	72	1	3	4
LRD	70	2	2	4
ZQM	66	4	0	4
SYJ	62	1	2	3
LYH	52	0	3	3
XCS	50	1	2	3
ZXH	51	2	0	2
RTM	54	1	0	1
ZWX	50	0	2	2
LJK	48	1	1	2
SBY	47	1	1	2

　　注：这个统计不包括家庭中夭折的孩子。由于经济、卫生条件的限制，在 80 岁以上这些老人中孩子夭折曾是普遍存在的一种情况。

　　资料来源：2014 年 1—3 月田野调查。

通过表2-2，可以看到夫妇所生子女数量呈不断下降的趋势。70岁以上的老人，绝大部分有4个或者以上的子女，子女多一方面增加了家中的负担，但是从长远来看，可以增加家中的劳动力，这对于以农业生产为主的白族农村家庭来说有着重要意义。在调查过程中，我常常听人们提起子女多能相互帮助，除了在劳动中互相帮助之外，父母都抱着一种兄弟姐妹中有一两个有出息①可以帮助家庭其他兄弟姐妹发展这样的愿望。大家庭以多子女为基础，并希望在此基础上为大家庭带来更为长远的发展。之所以用"大家庭的理想"来形容白族的传统家庭，是因为这种大家庭在现实中只是存在于家庭发展的某个阶段，当家庭发展到一定阶段的时候大家庭分离成为数个小家庭，大家庭强调的"生活在同一屋檐下"的"生活"发生了重要变化。

以S老人为例，她86岁，有5个儿子。从1980年开始，除了第二个儿子到同村寨的另一户人家上门之外，其他4个儿子都留在家中娶妻生子。大儿子结婚不久就单独分出去了，之后陆陆续续到1985年第四个儿子结婚，已婚的三个儿子都单独成立了自己的小家庭，两位老人和当时还未结婚的第五个儿子生活在一起。一直到1992年第五个儿子结婚之后，两位老人为了帮助其带小孩继续跟他生活。四兄弟分家之后依然住在同一个院子，之后慢慢靠自己的努力购买新的宅基地，修建新房并搬离老屋。第四个儿子出了一些钱给其他三个兄弟，以此来购买他们原来在老宅中的房产，一家人继续留在老宅生活。到1999年，留在家中的四兄弟都实现了真正意义上的"独立门户"，家庭户口簿也从原来的一本变为最后的四本。在搬入新宅之前有一个重要的仪式，就是新建住宅的三个兄弟要把祖先从老宅接到新宅中，并制作祖先牌位供奉在二楼，以此来强调他们共同的祖源。尽管平日生活中各个小家庭都是在自家中祭祀，但

---

① 所谓的"出息"，在当时就是子女取得某种公职身份，或者在某个职能部门拥有某种权力。

祭祀的依然是同一祖先。每年比较重要的清明节上坟、农历七月十四的"烧包节",几兄弟都是共同来举办这些祭祀活动。2005 年,S 的老伴去世,丧礼在第四个儿子居住的老宅中举行,独立门户的几兄弟在之后几年都回到老宅举行祭祀祖先的仪式。

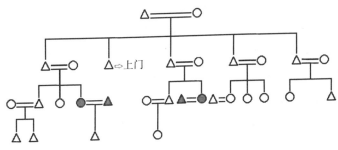

图 2-3 S 家谱系

注:●=▲ 两人为"不招不嫁"。

资料来源:根据 2013 年 12 月田野调查绘制。

通过 S 家的情况可以看到,分家之后兄弟各自以自己的小家庭为主,但在很多方面并没有分开。首先,共同的祭祀。分家之后同在一个屋檐下生活,其中供奉祖先的地方堂屋是一个公共空间,即使分家这个地方也是不做分割的。坟地也不予分割,平日生活中各个小家庭共同举办祭祖、上坟等祭祀活动。其次,分家不分户。白语中房子称为"$\chi\mathfrak{d}^{33}$",一家人是"$a^{31}\chi\mathfrak{d}^{33}$",从这个意义上理解,住在同一屋檐下的依然可以算是一户人家,且分家时家中的户口簿并未分开,依然共同使用一本户口簿。从这个意义上来看,即使分家之后,各个小家庭在对外的时候依然是作为一个联合大家庭而存在,只是在大家庭的内部由各个小家庭共同组成,共同的祖先及对祖先的祭祀活动对维系大家庭作为一个整体起着重要的作用。如许烺光认为的,"分家后仍同住一宅的生活方式缓和了祖先权威与个人夺门之间的矛盾"[①]。

---

① 许烺光:《祖荫下:中国乡村的亲属、人格、社会流动》,(台北)南天书局,2001,第 105 页。

从分家到各个兄弟独立门户需要漫长的一段时间，分家并没有彻底从空间上将兄弟分开，同一屋檐下的生活以及共同祭祀祖先的活动依然维系着作为一个整体的大家庭。这种同一屋檐下的生活只是享有共同的生活空间，在经济和其他一些方面各个小家庭是独立存在的。独立门户之后，对共同祖先的共同祭祀依然强调着大家庭的存在，但这种大家庭在居住空间上也已经开始分离，所谓的大家庭在家庭发展的过程中并没有占据主要形式。尤其是在计划生育政策的影响下，大家庭存在的前提——多子女家庭变得越来越少，大多以生育一胎或者两胎为主，加上传统生计方式的改变、通婚圈不断扩大，联合大家庭从形式到内容都发生了实质的变化，家庭结构开始向小型家庭转变。

二 家庭核心化的转变

家庭核心化主要包括两个方面，一是家庭结构以父母和未婚子女，或父母、已婚子女及其孩子组成的家庭为主，且两种家庭结构在现实生活中时有交叉甚至同时存在；二是传统的亲戚社会发生变化，对亲戚社会的依赖减少，更注重的是以自我为中心的小家庭的发展。

通过表 2 - 2 可以看到家庭生育子女数量一个大致的变化，其中 47 岁到 54 岁的妇女生育时间都是在计划生育政策实施之后，尽管大理州属于少数民族自治州，但当地的生育政策与汉族地区基本无异，计划生育在该地按照国家的政策被严格执行，很多在"单位"① 工作的人只能生育一胎，在农村的妇女最多也只能生育两个孩子。在计划生育政策实施的最初几年，凤翔村也有一些夫妇试图躲避政府的监督生育第三胎，但最后躲过监督能够把第三胎生育下来的夫妇并不多，即使生下来家庭随之面临的也是高额

---

① 在当地，人们说有"单位"的人指代的是国家公务员或者有编制的事业单位工作人员。有"单位"的人也就意味着只能生育一个孩子。

的超生罚款。从这个时候开始,凤翔村大多数夫妇以生育两个孩子为主,很少一部分夫妇会生育三个孩子,偶尔也有夫妇只生育一个孩子①。

　　夫妇生育子女减少带来最大的变化就是家庭规模缩小。家庭中以两个孩子为主,在"不招不嫁"普遍出现之前,绝大部分的家庭依然是遵循女儿出嫁、儿子留在家中的传统。在凤翔村,长子或长女②在家庭中有着重要的地位,因此家庭中长子一般都会留在家中。如果家中没有儿子,会为长女招上门女婿,传统的多子女家庭所面临的"分家"问题基本很少出现。在调查中,很多家庭都是三代同堂,即年老的父母、已婚的儿子及其未婚子女。调查中遇到的一个大家庭是五代同堂,YSC(YSC为图2-4中的Y1)的父亲S是来Y家上门,后来所生的第二个孩子S2回父亲家归宗,S和大儿子Y1生活在一起,于是YSC的奶奶、YSC的父母、YSC夫妇、YSC的两个已婚儿子、YSC的孙子孙女,五代人共同生活在一个屋檐下。但2008—2012年,随着YSC的奶奶和父母相继去世,五代同堂的家庭变成三代同堂的家庭。YSC的大儿子在南涧做生意,小儿子在丽江开饭馆,因此在南涧和丽江的生活又是以核心家庭为主,即由已婚的儿子与他们的未婚子女组成,且两个儿子的经济生活是分开的,在每年春节回凤翔村过节以及祭祀祖先的时候,他们又是一个三代同堂的家庭。这也是我在上文中提到用小家庭而不是核心家庭或主干家庭来表示凤翔村当代家庭的结构的原因,在现实生活中,家庭在不同的时间和空间中的结构和功能是不同的,并非铁板一块。

---

① 凤翔村45—55岁且以农业为主要生计方式的夫妇只生育一个孩子的情况比较少,我在调查过程中只遇到过一对这样的夫妇,很大一部分原因是当时受到独生子女政策的鼓励。

② 白族社会对长子或长女的重视,在张翠霞的论文中也有提及,如果家中没有儿子就会给长女招女婿,这种观念在白族社会中普遍存在。详见张翠霞《神坛女人:大理白族村落"莲池会"女性研究》,中央民族大学博士学位论文,2013,第55—56页。

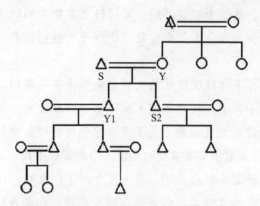

图 2-4　2012 年前 YSC 家五代同堂的谱系

注：S 老人是去 Y 家上门，后来第二个儿子 S2 回 S 老家归宗，S 老人和 Y 老师在去世之前一直和大儿子 Y1 生活在一起。

资料来源：根据 2014 年 1 月田野调查绘制。

凤翔村的人经常说"吃一锅饭的人才是一家人"，以此来区别于一般的亲戚。传统的联合大家庭因分家并不能真正实现"吃一锅饭"，分爨之后家庭成员之间的关系会发生微妙的变化。在家庭规模缩小尤其是家中只有一个儿子的情况下，分爨便很少发生。

> 我是家中唯一的儿子，一个妹妹已经出嫁，现在家里就只剩下我母亲、我们夫妇以及我的两个孩子，平时我们在丽江做生意，母亲在家帮我们照顾孩子，我们就从来没有想过分家，就我一个儿子，有什么分的呢？[①]

子女减少之后，大部分只有一个儿子留在家中，父母把所有的精力都集中在对这一个儿子的帮助上，家庭生活围绕着一家三代 4—6 个人而展开，家庭的凝聚力比多子女家庭更为牢固。传统的多子女联合大家庭中，分家成为一种必然，其中一个重要的原因是父母要避免对某一个儿子的偏袒。在对传统大家庭调查的过

---

① LTK，38 岁，大儿子读中专，小女儿在读初中，夫妇在丽江做餐饮业。

程中，这是经常被提及的一个问题，即使儿子们都已经独立门户，有的儿子还是会抱怨当初分家时父母没有对所有兄弟一视同仁。

随着家庭规模的缩小以及通婚圈的扩大，凤翔村亲戚网络开始发生变化。家庭规模缩小之后，血亲关系和姻亲关系亲属圈都在缩小，以往有的父母因为子女的婚姻缔结在各个充都"结亲家"，亲家越多，在村寨中的亲戚网络也就更为广阔。而现在大都是两个孩子为主，也就只能结两个亲家，加上通婚范围的扩大，由于距离较远，有的亲家之间很少往来。这使得不管是通过血亲还是姻亲缔结的亲属关系均发生了变化，亲属之间不再是一个经常往来互助的关系网络，更多只是停留在一种象征意义上。传统亲属网络萎缩，亲属在现实生活中互助功能逐渐减弱，小家庭更多依靠的是"吃一锅饭"的这些人，不管是在观念上还是在现实生活中，人们更看重的是以"我"为核心的小家庭的发展。

凤翔村有"本家"的说法，是指有同一祖先的那些家庭都属于一个"本家"，即由父系血缘联结起来的大的家庭组织，与汉族所说的宗族相类似，但并未形成汉族严格的宗族制度及宗族意识。"本家"在平日的生活中会相互帮助，尤其是在修坟、祭祀祖先、葬礼、婚礼等一些重要活动中，在平日的生活中相互之间的往来不一定很频繁，尤其是在当代社会"本家"更多只是停留在表层的象征意义上，自己的小家庭变得越来越重要。正如许烺光所说，"家庭是社会结构的基本单位，它需要'同一屋檐下的分家'这一绝妙的方法来维持各个小家庭组成一个大家庭。因而，当范围逐渐扩大到同宗同族，甚至同乡村时，人们之间的亲情程度是依次递减的"①。

从依赖土地到离土离乡的生计方式的转变，动摇了家庭组织形式，传统的大家庭转变成小家庭，小家庭又由于几代人之间生

---

① 许烺光：《祖荫下：中国乡村的亲属、人格、社会流动》，（台北）南天书局，2001，第 179 页。

计方式的差异被分裂为更小的生产和生活单位，在这样的背景下，原本血缘和地缘高度重合的乡土社会开始裂变。

第三节 妇女地位的提高与自我意识的觉醒

白族传统社会中，父亲在家庭中有着绝对的权威，这种权威会随着年纪的增长以及家中儿子的成长而逐渐减弱，但家庭中的女性并未因此而受到歧视，或者说并未受到男性的压制。随着社会的发展，妇女的地位在原来的基础上不断上升，妇女的自我意识也不断增强，不管是在家庭日常生活还是在村落公共生活中都逐渐从幕后走向前台，发挥的作用也越来越重要。

一 被束缚在家庭中的妇女

在生计方式以农业生产为主的前提下，妇女被束缚于家庭内的生产和生活，一方面是农业生产，另一方面则是照顾子女和老人。上文中提到 20 世纪 80 年代前后很多在外接受教育的男性依然会选择回来娶本村的媳妇，其中一个重要的原因就是女性可以承担起家庭的生产和照顾父母、子女的责任。传统家庭中"男主外，女主内"的分工模式很明显，即使在 20 世纪 90 年代中后期，年轻人大量开始外出打工，但对于女性来说打工也只是限于结婚之前的四五年时间，女性在结婚之后就不再单独外出打工，依然被束缚在家庭生产和生活中。甚至有时候女性外出打工还会遭到村民的非议，被怀疑在外做一些"不正当"的工作，因此在 90 年代初期，受社会及家庭观念的影响，很多女性脱离学校教育之后被父母留在家中协助农业生产，而不是外出打工。

C 女（37 岁）：我初中毕业之后就没继续读书了，读不进去。那时候我想去昆明打工，父母不同意，说一个女孩子跑那么远他们不放心，就只能在县城一个亲戚家开的商店帮忙卖东西，断断续续卖了几年，没见过什么世面。因为我是家里的独女，后来家里人就给我打听，找了个同村的小伙子做我们家上门女婿，结婚之后我们两个才一起去香格里拉开了个烧烤店。

除了农业生产之外，部分女性还自己经营小本买卖来增加家庭的收入，常见的如经营小吃店、服装店，但大部分都选择在离家很近的地方，方便照顾家中的老人和孩子。

L女（48岁）：我开始做服装生意大概是（20世纪）80年代末期，那时候才改革开放不久嘛，所以刚开始的时候也不敢放开做。就去下关进货，然后拿回来（在）集市上卖，那时候交通也不像现在这么便利，很多村民也不像现在可以随时去县城或者下关买衣服，我生意也还不错。一开始打算去县城或者下关开服装店，但想想上有老下有小，老公又出去打工了，我要再出去做生意，以后孩子在家学坏了或者老人出什么事情，我这个做媳妇的就有责任了，所以我就放弃了这个想法。我就在家照顾老人孩子，还有一点田地，赶集的时候就去摆摊卖衣服。现在子女们都工作了，父母（公公婆婆）也去世了，就还剩我们两个在家，我就租了个铺子卖衣服打发时间，一辈子也就这样了。

在村寨中，很多妇女和L女有着相似的经历，受社会观念及社会环境的影响，一辈子被社会和自我定位在家庭中，照顾老人和孩子，而当父母去世，孩子长大成人，她自己也已经步入老年，基本已经没有机会外出闯荡了。随着改革开放及社会的发展，原来所推崇的小富即安的观念深受市场经济的影响，关于女性外出工作的观念也发生了改变，女性外出打工逐渐被村民认可。生计方式的改变及家庭观念的变化为家庭中第三代女性提供了更为广阔的生产和生活空间，她们并未像她们的祖母及母亲这一辈一样一辈子被束缚在乡土社会中，她们有了更多选择的权力和空间。

二　从后台走向前台：女性地位的改变

随着与外界的接触越来越多，村民逐渐改变了对外出打工女性的偏见，外出打工的女性越来越多，调查过程中常常听到某家的女儿外出打工之后资助家里新修了房子，或者是又给父母多少钱了，这些反而成了父母在村民面前引以为傲的事情。村寨中 Z 姓人家有三个女儿，三个女儿都在昆明安家，把父母也接到昆明生活，村里人都在感慨："你看生女儿多好，懂得孝敬父母，也不用给她买房买车①，要是三个儿子，现在这个社会不得把父母折磨死。"甚至村民用"女儿是招商银行，儿子是建设银行"② 这样的话来形容女儿比儿子好。父母不再认为女儿结婚之前要留在家中，或者结婚之后要照顾公婆。社会的舆论也认为女儿应该走出去，如果村寨中哪个年轻的女孩子成天待在家、守着家里的田地，村民往往会质疑"那么年轻为什么不出去打工呢，在家种田能种出什么"。村民对女性外出工作持鼓励的态度，这与 20 世纪 90 年代前后的看法完全相反。当然，在这个过程中，随着与外界的接触越来越多，女性自我的认识和定位也起到了很重要的作用，女性自身也意识到只有走出去才有更多的机会。除了逢年过节，平时村寨中很难看到赋闲在家的女孩子，用她们的话说，"待在村子里无聊，又没钱，打工也要去大城市，机会多，能见世面"。

在社会的发展、家庭观念和性别观念的变化、女性自身的意识多重作用下，女性逐渐从后台走向前台。当然，在这个过程中，女

---

① 根据我的调查，三个女儿中，大女儿和二女儿在昆明买房的钱是由女儿及其配偶共同出，最小的女儿则是在两个姐姐的帮助下付了首付，自己每个月还相应的贷款。

② 很明显这句话是村民通过当下流行的电视剧以及与外界的交流学到的，但也从侧面反映出村民性别观念的变化。

性普遍有一定的受教育背景。在我所访谈的 1980 年后出生的女性中，只有两位是小学毕业，其他外出打工的一般都有初中及以上的学历，在事业单位及考取了公务员的都是大学专科、本科学历，上文中 Z 姓的三个女儿两个是大学专科，一个是大学本科毕业。受教育程度的提高对于女性改变自身的地位有着重要的作用，在很多时候依靠自己的资本找到合适的工作自力更生，不用"看婆家或者老公的脸色过日子"，这是女性改变自身地位的基础。年轻女性不断地走出去寻找自我，村寨中的中老年女性与此同时也在日常生活中逐渐从家庭走向前台，她们的前台是村落公共事务的参与。

调查期间，我参与了不同节日村寨中组织的各种活动，如火把节、龙王会、本主会等，我观察到从筹办到实施都是以村寨中的女性为主力，她们都是作为所在家庭的代表参与这些公共的祭祀活动，甚至有几次祭祀活动是清一色的女性来筹办（并没有规定男性不能参与），男性完全缺席。

近年来，大理白族村寨中"化賨"①活动非常流行，凤翔村大部分家庭都参与了这样的经济互助组织。化賨一般是以家庭为单位来参与，具体的筹资等都是由家中的妇女来完成。我访谈了 10 个参与化賨的家庭，都是由女性来负责具体的筹资、规定使用的细则，而家庭中的男性最多知道参与了几个这样的组织，至于具体什么时候可以使用、如何使用，家里的男性并不是很清楚。日常生活中随着女性参与村落公共事务及家庭事务的范围越来越广，女性无形中也提升了自己在家庭和村寨中的地位。在调查中我常常听到家中的女性"抱怨"道："家里家外什么事情都要我们这些女人去操劳，男的都不怎么管这些事情。"尽管是一种抱怨，同时也需要付出更多的辛劳，但由其中能看到妇女在家庭中决策能力

---

① 当地将化賨分为很多种，根据不同的用途有不同的叫法，有人情賨、姐妹賨等，一个化賨的团体人数从 8 人到 20 人不等，每次互助的钱从 200 元到 2000 元不等，有的家庭同时参加了三四个这样的互助团体。关于賨文化，具体可参照和颖《丽江纳西族化賨文化研究》，云南大学博士学位论文，2008。

及地位的提高。

年轻女儿在家庭中的经济贡献越来越多，对父母的关心也比男性更为细腻；中年女性越来越多地组织和参与村落中的公共祭祀和公益活动。女性在社会、村寨以及家庭中的地位逐渐提高，通过参与这些活动女性自身的能力得到提升，同时也得到社会和他人的认可。在这个过程中，女性自我的独立意识也在不断增强，逐渐在公共领域和家庭领域找到自己的位置。

第四节　"祖荫"面临延续的困境

在前文中已经提到传统白族社会中，每个人都生活在祖先的庇护之下，其中最为重要的父子同一的关系最终也成为祖荫的一部分，而父子同一最重要的基础就是父系继嗣。随着社会的发展，子女减少，家庭以小型家庭为主；生计方式多样化的变化使得当地人对土地的依赖也越来越小；传统大家庭存在的两个重要基础——多子女以及血缘与地缘、业缘三者的重合发生了变化；女性地位在社会中不断提高，传统的父系继嗣遭遇阻力。在这种情况下，许烺光强调的白族社会的"祖荫"在当代社会陷入难以延续的困境。

一　家庭延续的困境

"在严格的计划生育政策实行之前，拥有两男两女或三男二女仍是多数农民夫妇的生育追求……但拥有至少一个男孩，或有一男一女，是计划生育政策下多数农民的愿望"[1]，但现实中并不是所有的家庭都能保证有一个男孩，甚至在有一个男孩的情况下，也并不一定能保证家庭的延续。由于家中子女以两个为主，很多

---

[1]　王跃生：《社会变革与当代中国农村婚姻家庭变动——一个初步的理论分析框架》，《中国人口科学》2002年第4期。

父母出于自身家庭的考虑都不轻易让女儿出嫁或者让儿子上门。

> C女：我有一个哥哥已经结婚生子了，他是娶媳妇，但是平时他们都是在昆明工作和生活，我大学毕业之后回到县城工作，后来找了一个男朋友，他有个哥哥已经结婚，还未生育，他们是"不招不嫁"。我们准备结婚的时候他家提出一定要娶媳妇，我父母不同意，说我家就两个孩子，我哥哥又不在身边，所以要招女婿，他家肯定也不同意嘛，然后我们俩就一直拖着到现在，双方父母现在也没有让步的意思，我现在都开始有点动摇了。

在调查"不招不嫁"这种婚姻形式的过程中，家长常常对我说的一句话是"现在子女少，每家就那么一两个孩子"，但事实上我调查的家庭还是以两个孩子为主。我随机选择了18对（36人）"不招不嫁"的夫妇，有25个人家中还有一个兄弟或姐妹，8个是独生子女，3个是家中还有两个兄弟姐妹，也就是说两个孩子的家庭占了很大的比例。至于有两个孩子为何父母依然不愿意嫁女儿或者让儿子做上门女婿，主要有两个原因：第一种情况是有的家庭中一个孩子已经出嫁，剩余的一个孩子必须要么娶媳妇要么招女婿从而延续家庭的血脉，而近年来"不招不嫁"的普遍出现使得这种愿望实现的概率只剩一半，这种家庭选择"不招不嫁"也有不得已的因素；第二种情况是那些家中还有孩子未婚的，出于一种保守的心态选择"不招不嫁"这种婚姻形式。

> Z父：我现在把大女儿嫁出去了，就是别家的人了，以后她弟弟要能娶媳妇还好，但现在越来越多的人都是"不招不嫁"，万一我儿子以后也是"不招不嫁"，我怕家里后继无人。打个比方，我觉得"不招不嫁"就是一家各占一半嘛，如果我两个孩子都是"不招不嫁"，两个一半加起来就是一个，如

果我大女儿嫁人了,以后儿子"不招不嫁",岂不是只有一
半?我还在世的怎么能看着我们家的香火在我孙子这辈断了?
那样对不起祖先啊!

  L父:我两个儿子都在外地工作,一年回来两三次,大儿
子已经结婚娶媳妇了,小儿子还没有找到媳妇,前段时间有
人介绍了一个姑娘,可人家说要让我儿子上门,我们不同意
就没成,找个媳妇不容易。家里现在都是我和他母亲互相照
顾,现在身体还不错,你说以后要是生个病都没人在身边照
顾,死了也不知道能不能闻到香火味。

"香火味"指的是死后得到后人的祭拜,这是很多家庭中老人
所担心的问题,他们不仅仅担心自己得不到后人的祭拜,更担心
更远的祖先得不到后人的祭拜,"祖德流芳"并不是一件容易的事
情。于是孩子的姓氏问题已经成为家长的心结,每个家庭都极力
想让以后的孙子或者孙女跟着自己姓,从而保证家庭继嗣的延续,
每个人都不想在自己这一辈手中让家庭断了后,担心自己死后面
临没有后代的尴尬。而现实的情况是"嫁娶婚"和"上门婚"在
当代社会都遇到了阻力,女方不想嫁,男方不愿意上门,传统的
"嫁娶婚"和"上门婚"维持的整个社会的动态平衡出现了问题。
家长认为女儿出嫁或儿子上门,对方家庭就多了一个人,而自己
家里就少了一个人,原来的小家庭变得更小了。传统的婚姻形式
中不管是招女婿还是娶媳妇,其中一方必定加入另一方的家庭,
婚后孩子的姓氏也是没有争议的。现在双方都不想再按照传统的
方式缔结婚姻关系,都不愿意让自己的孩子完全加入夫家或妻家
的生活,传统的婚姻形式无法达到一种双赢的结局,陷入了困境。

二 谁来延续祖荫

  凤翔村存在家族组织,家族会通过修订家谱、举行家族祭祀
等活动来强化大家来自同一祖先的家族意识。具体到每一分支的

每一个家庭，人们更关心的是所在的小家庭的继嗣，如一位村民说"没有小家庭的继嗣，哪有家族可言"。且随着家庭规模的缩小，每一个小家庭更关心的是自己家庭的发展和延续，人们普遍认为只有自己的孙子孙女跟着自己家姓，才算是延续了家庭的继嗣。

Z女是家中独生女，L男是家中的大儿子，因此双方家庭都认为按照白族的传统婚后所生的孩子应该跟着自己姓。一个是家中长子，一个是独生女，听起来都有道理，但关键以后只能生一个孩子①，谁也不想让自己这一方后继无人，且双方都不愿意在这件事情上妥协，或者采用灵活的方式去处理。最后，两人选择分手，觉得这样争论下去也没有什么意义。

W女是家中的长女，在县城工作，她还有两个妹妹，一个妹妹已经嫁人，最小的妹妹还在读大学。W女的父母考虑到最小的女儿以后还不知道会在哪里工作，因此一直希望将W女留在家中，按照白族的传统为其招女婿，踏踏实实地留在家中，既可以照顾他们，同时也可以延续家庭的继嗣，但找一个上门女婿比以前显得更艰难。W女在我调查的这两年中前后谈了三个男朋友，但每一次到谈婚论嫁这一步时总是出现问题，究其原因是W女的父母在未来孩子姓氏的问题上决不妥协。

> W女：我之前谈的男朋友，我们在一起有六年的时间，我是家里的长女，对方是家里的长子，到准备商议结婚的时候，我父母坚决要招女婿，他家则一定要坚持"娶媳妇"，连"不招不嫁"都不答应。媒人当时就来做我父母的工作，希望能"不招不嫁"，你不知道当时我爸因为这个把媒人都骂了一顿。后来我看也没戏，这样子两家人都不开心，就只能和他分手了。第二个男朋友谈了一段时间之后，我就把我父母的

① 该案例是我在2012年12月调查所得，当时单独政策还未实行。

意思告诉他，免得到了双方家长见面又不同意，他也是家中的大儿子，还有一个妹妹。当时我父母已经做出让步，不再坚持一定要招女婿，"不招不嫁"他们也答应，但条件是以后我们的孩子必须跟我姓，现在因为这事我对找对象这事都已经麻木了。

2013年年底，W女还未找到合适的人，尽管她对此表示出一些无奈，但同时她也认为自己作为家里的长女，有责任承担起家庭血脉的延续这一任务。作为长女和长子，家庭继嗣的压力不言而喻，W女开玩笑说要么一定找个愿意上门的男朋友，要么找个和自己一个姓的男朋友，那样很多问题就可以解决，也不会因为孩子的姓产生争执了。

婚姻圈不断向外扩展，由村内通婚转向村外、县外甚至省外通婚，婚姻形式同时也开始发生变化，传统家庭最根本的父系继嗣制度开始遭遇挑战，生活在祖荫下的白族人不得不考虑如何让自己及子孙后代依然能生活在祖荫的庇护之下，部分父母甚至担心自己死了之后得不到子女的祭祀。为了延续家庭的继嗣，父母都想把子女留在身边。于是很多父母想为儿子娶媳妇、为女儿招女婿，但很多家庭都这么考虑的时候，如果谁都不想牺牲自身的利益，就出现了一种无法对接的情况，传统的嫁娶婚和上门婚也就没有实现的可能。婚姻无法顺利缔结，家庭的继嗣也就无法延续，更无从谈及祖荫的延续了。"不招不嫁"这种婚姻形式的出现可以说是在面对这种两难困境时白族社会做出的积极应对。

第三章 "既招又嫁":"祖荫"的 "正和博弈"

传统的"嫁娶婚"和"上门婚"是延续家庭中父系继嗣的重要方式,但在社会急剧变迁的背景下,传统的父系继嗣出现了问题,也就是前一章所说的祖荫陷入了延续的困境,无法实现共赢的结果。在这种情况下,作为行动主体的人开始寻求新的方式来解决问题,试图走出祖荫延续的困境。在凤翔村,这种改变最先从婚姻形式开始,本来人们认为无可争议的男娶女嫁的婚姻形式受到质疑。传统的白族嫁娶婚中嫁(女儿)和招(女婿)界限分明,这种清晰的界限也划清了男女双方对于各自家庭的责任及归属。"不招不嫁"这种婚姻形式出现之后,原本清晰的界限开始变得模糊,从缔结婚姻的最初阶段开始,问题不断出现,双方家长为此也在不断进行博弈和协商。"不招不嫁"的发展历程,从小的方面来看,是双方家庭之间的博弈,更宽泛地说,是传统与现代的博弈。博弈的发展过程也是走出困境的尝试,在这个过程中我们可以看到作为主体的白族人是如何发挥其能动性的。

第一节 摆脱"零和博弈":"既招又嫁"的 尝试

"不招不嫁"这种婚姻形式在现在的凤翔村比较普遍,但其从最初出现到现在经历了20多年的时间,经历了从被村民质疑到被普遍接受和认同的过程。在这个过程中,"不招不嫁"这种婚姻形式也不断被村民赋予新的含义，其最终目的是尽可能地照顾到双方的家庭。

一 第一例"不招不嫁"的是是非非

凤翔村最早出现"不招不嫁"这个词是在 1985 年，由村里的一位老人先提出来。当时他有两个儿子、三个女儿，大儿子已经结婚生子，大女儿和二女儿也已经出嫁，三女儿和二儿子还未婚[①]。三女儿大学毕业之后回到家乡做了一名教师，当时她的未婚夫在县城上班，在当地人看来两人都是每个月有工资收入的"单位"上的人。双方家庭商议结婚时，男方准备按照传统的形式给女方送聘礼，这时候女方的父亲忽然提出来说聘礼他不要了，女儿也不能嫁到男方家，以后还是要管她父母亲的养老问题，他将这种婚姻形式称为"不招不嫁"。尽管女方的父亲提出"不招不嫁"不需要男方家送聘礼，但男方家父母在这件事情上依然颇有微词，他们更愿意按照传统的方式来送聘礼娶媳妇。考虑到两个年轻人之间的感情，男方父母最终还是做出了让步，同意了女方父亲提出的要求。婚礼前男方给女方送去了几套衣服，两人结婚的时候先在男方家举办了一次婚礼，三天后在女方家举办了第二次婚礼，没有白族传统婚礼中"接媳妇""回门"等仪式。婚后俩人由于工作原因大部分时间在县城生活，在男方家的时间也要更多一些，后来所生的小男孩也是跟着男方姓。

当时村寨中都是要么娶媳妇、要么招女婿，"不招不嫁"这种婚姻形式的出现显然在当地掀起了一场风波，一直到现在村寨中的很多人对这桩"与众不同"的婚姻记忆犹新，很多村民认为 X 老人这种做法有违传统。

---

① 据我调查，小儿子最后也是娶媳妇。也就是说除了三女儿之外，其他孩子的婚姻形式是传统的"男娶女嫁"。

JK 妈：他就是搞特殊，无非就是为了钱，想着把女儿供到大学毕业，现在女儿在"单位"上班，有钱了，肯定要回报父母。嫁人的话男方家送的聘礼最后买了嫁妆还不是送到男方家，女儿也成了丈夫家的人，也没义务养他们了，所以他提出来"不招不嫁"，其实还是长远的打算。那时候大家要么就嫁（女儿），要么就招（女婿），哪有"不招不嫁"？

CX 妈：他们家有两个儿子，女儿就嫁人得了，你看前面两个女儿不都是嫁人了嘛，最后一个女儿非要搞"不招不嫁"，不土不洋，最后他女儿连嫁妆都有不起，婚礼也是搞得四不像。

尽管这桩婚姻的缔结已经过去快 30 年的时间，且现在强调两边照顾的"不招不嫁"这种婚姻形式在当地也比较普遍，但现在回想起来，村民依然觉得在 20 世纪 80 年代采取"不招不嫁"这种形式难以接受，对此更多的是持一种否定的态度。女方父亲提出"不招不嫁"这种方式在当时宁静的村寨中无疑是一个爆炸性的新闻，不仅村民在私下议论纷纷，老人的一些好朋友甚至还去他家劝这位老人把女儿嫁了，不要搞"不招不嫁"。他们告诉这位老人："男大当婚，女大当嫁，你家有两个儿子，女儿嘛，就嫁人算了。她良心好的话即使嫁人了也会对你们好，要是良心不好，你就是天天把她捂在脚边又有什么用？"[1] 但朋友们的劝说依然没有让他改变自己的想法。当时首倡"不招不嫁"的女方父亲顶着压力坚持办完这场婚礼，而他也有自己的理由。

那时候我想着男女平等，是吧，女儿和儿子都一样，而且那时候我女儿是村子里少有的大学毕业生，也是我家唯一

---

[1]　在这里之所以用"捂在脚边"来形容，是因为村里人认为老人的这种做法是变相地把女儿留在身边。

的大学生，是我们家的骄傲，就那么嫁人了我肯定舍不得。①

在那个子女较多、嫁（女儿）和招（女婿）界限分明的年代，不管女方父亲是出于经济抑或是情感的考虑让女儿采取"不招不嫁"这种婚姻形式，这种做法无疑被当地人视为搞特殊，他也成了一个越位者。

第一桩"不招不嫁"在村民的议论声中结束，在1985年之后的十多年间，村寨中并没有人去效仿"不招不嫁"这种婚姻形式，当地人依然延续着招（女婿）嫁（女儿）分明的传统婚姻。一直到2005年左右，由于通婚范围扩大，部分年轻人在寻找婚配对象时不再局限于同一乡镇、同一县城，有时候男方家和女方家相隔较远，为了节约时间成本、经济成本和人力资源，男方家会象征性地请一位媒人和几位亲戚前往女方家提亲和送聘礼，而传统上婚礼当天"接媳妇"的仪式被省略，取而代之的是在男方和女方家各举办一次婚礼，宴请亲戚朋友。夫妻双方结婚之后，一种情况是女方还是遵循传统的从夫居，婚后所生的孩子也随夫家姓；另外一种情况是结婚的两人由于工作原因与两家相隔较远，那么婚后男女双方会独自出来居住，即采取新居制的形式，孩子也随男方家姓。那时候，当地人开始借用20世纪80年代X老人提出的"不招不嫁"这个词指代这一类婚姻，但除了举办两次婚礼之外与传统的"嫁娶婚"并无实质的区别，因此从严格意义上来说，"不招不嫁"这种婚姻形式第二次出现的时候，是为了解决通婚范围扩大之后两家相隔较远的问题，而婚后的生活以及婚后所生孩子的姓氏问题、家庭财产的继承、父母的养老等都依然遵循传统的嫁娶模式。

---

① 由于其女儿在婚后因疾病去世，女婿再娶且外出工作，因此对于当时结婚当事人的想法未能得知。

二　"不招不嫁"释义

尽管村民都说是"不招不嫁"，但事实上"不招不嫁"这种婚姻形式在不同的发展阶段有着不同的含义：第一桩"不招不嫁"出现时包括两层含义，第一是举办两次婚礼；第二则是婚后要负责夫妻双方父母的养老；2005 年之后村民说"不招不嫁"强调的只是举办两次婚礼；而现在提到"不招不嫁"，其含义变得更加丰富，或者说人们赋予了"不招不嫁"更多的含义，不再只是举行两次婚礼这么简单。在进入"不招不嫁"的相关论述之前，我认为有必要先对这个词含义的变化做简单的梳理。

如上文所说，在凤翔村"不招不嫁"这个词最早出现在 1985 年，这是汉语的说法，当地白族称为"$ko^{33} po^{21} no^{33} z_{.}o^{41} hu^{33}$"，直译过来就是"两边都照顾"的意思。关于"两边照顾"，这里的"两边"主要指的是缔结婚姻关系的男方和女方家庭，也就是说婚后要承担起照顾两边家庭的责任。"不招不嫁"，从字面意思理解就是既不是"招女婿"也不是"嫁女儿"，是处于"嫁女儿"和"招女婿"的中间状态。"不招不嫁"和"$ko^{33} po^{21} no^{33} z_{.}o^{41} hu^{33}$"这两个词在凤翔村是并用的，当地人之间谈话时，一般用的是"$ko^{33} po^{21} no^{33} z_{.}o^{41} hu^{33}$"，和本村之外的其他人尤其是与汉族交流时，为了把意思表达得更清楚，村民选择用"不招不嫁"这个词。在本书中，为了表述的方便及表意的考虑，主要采用"不招不嫁"这个词。

传统的嫁娶婚中，男方一般是说"娶媳妇"，女方则是说"嫁女儿"；如果是上门婚，女方会说是"招女婿"，男方则会说"上门"，对不同的婚姻形式男女双方所用的表达方式也是不一样的。"嫁"和"招"这两个词是在"嫁娶婚"和"上门婚"中女方的表述，也就是说是处在女方立场上，"不招不嫁"正是综合了女方在两种婚姻形式中的表达词。从"不招不嫁"的表达方式来看，是以女方为主体的话语表达。我曾经问到"为什么不用'不娶不嫁'"，村民的回答是"别人都这么叫的"，也说不出具体的原因。在我看来，用"不娶不嫁"能更恰当地表达出这种婚姻形式的实际性质和特征，兼顾了男方和女方的处境。在调查过程中，我同时还发现家庭中有男孩的家长都希望自己的儿子能娶媳妇，而希望女儿"不招不嫁"，即使是家中有一个女儿和一个儿子的家庭，家长也普遍存在这种看似矛盾的想法。因此综合来看，"不招不嫁"更多是站在女方的角度出现的一个词，经过不断的发展后逐渐被大家接受，成为普遍的表达方式。

目前提到"不招不嫁"，村民的解释主要包含以下几层意思：首先是婚前男方家无须给女方家送聘礼；其次是婚礼在男方家和女方家各举办一次，没有传统的"接媳妇/女婿""回门"等仪式；最后是婚后要照顾双方的父母，同时都有权利获得双方家庭的财产。但在实际的调查中，我发现"不招不嫁"婚姻形式的案例中，比如婚后如何照顾父母、财产如何继承等问题在婚前婚后都并未放到台面上来讨论，这些问题目前更多的只是停留在意义的层面而无实质的内容。相对而言，"不招不嫁"中婚礼仪式及婚后孩子的姓氏选择反而成为婚姻缔结双方争论的焦点。

三 "不招不嫁"还是"又招又嫁"

村民给我解释"不招不嫁"的时候，特别强调这种婚姻形式既不算是招女婿也不算是娶媳妇，但我在实际观察的过程中发现并非都如他们所说的那样。部分"不招不嫁"的婚姻形式中，在男方家办婚礼的时候有"接媳妇"的仪式，而在女方家办婚礼时有为新郎"更名换姓"的仪式。村民依然称这种婚姻形式为"不招不嫁"，在我看来用"又招又嫁"更合适。

Z女是凤翔村人，家里的长女，还有一个妹妹未婚，其丈夫 L男是开远人，家中的小儿子，有一个姐姐已经出嫁。双方虽说是"不招不嫁"，但结婚的时候既有接媳妇的仪式，又有为新郎"更名换姓"的仪式。

Z女：我老公家和我家相隔比较远，风俗也不一样，婚前双方家长就把各家的风俗向对方说了一遍。结婚的时候先在我老公家办的婚礼，婚礼当天他来酒店接媳妇。在我家办婚礼的时候，考虑到我是家里的老大，按照传统来说应该招女婿，所以还是为他举行了"更名换姓"的仪式，重新给他起了一个名字，但是他不是上门，这个之前我就和他解释了。

L男：我老婆之前就跟我说过取名字的事情，但是我觉得这只是个仪式，我们那边也不怎么讲究这些，就顺从她父母的心愿，我也就没什么意见，反正我们也在外上班，无所谓啦！

既有"接媳妇"的仪式又有"更名换姓"的仪式，还被定义为"不招不嫁"，在我调查的凤翔村一共遇到六个这种案例，这几个案例的共同点是男方和女方相隔较远，且女方都是凤翔村人，男方为外地人，男方家长认为结婚一定要接媳妇，因此大家各取所需。在男方家举办婚礼的时候去酒店或者影楼接媳妇，而在凤翔村举办婚礼的时候女方家长也以"白族风俗"为理由为新郎"更名换姓"，尽管男方有时候也明白其中的含义，但由于婚后并不生活在凤翔村这个村寨，对此也就无所谓了。

LYH家有两个女儿，大女儿的丈夫是洱源炼城村的，两人是"不招不嫁"，在凤翔村女方家举办婚礼的时候女方家为男方"更名换姓"；二女儿的丈夫是广西人，在女方家举办婚礼的时候同样为男方"更名换姓"，两个女儿在男方家举办婚礼的时候并未举行接媳妇的仪式。

大女儿的丈夫尽管不太乐意，但是考虑到他妻子是家中的长女，且这就是一种仪式，并未直接反对；二女儿的丈夫则认为无所谓，他觉得自己作为一个外地人，这个名字对自己也没什么更深的意义。

Y男：这里的人我也不认识，风俗也不懂，我就入乡随俗，虽然他们给我取了个新名字，但是这名字平时谁也不会叫，我们又是在外工作，谁知道我还有这个名字？所以要取就取吧！

在这些案例中，我发现一些有意思的问题。首先，这些为男方"更名换姓"的女方家长及女方都会强调虽然为新郎"更名换姓"，但男方不是上门女婿，双方是"不招不嫁"；其次，如果"不招不嫁"双方都是凤翔村的，并没有出现这种现象，而是按照事先双方商议好的各自在家举办婚礼，这两个仪式也不会出现在婚礼上；最后，"不招不嫁"却为新郎"更名换姓"主要发生在所谓的"外地"新郎身上，且新娘一般是家中的长女。在"不招不嫁"这种婚姻形式中出现这些现象，背后是双方家庭在不同的社会文化背景下对于同一件事情的意义看法的差异：对于所谓的"外来者"新郎而言，他及他的家庭生活在远离白族文化的环境中，于是对于他们来说"更名换姓"之后取的这个名字只是一个空的符号，并没有太大的意义；但对于女方的家庭来说，举行了"更名换姓"仪式之后，尽管是"不招不嫁"，但有"招女婿"的含义在里面。女方父母生活的文化场景赋予这个仪式特殊的意义，他们可以骄傲地跟村民说"我们是给他（新郎）起了名字的"，这句话背后蕴含着丰富的含义，甚至在日后孩子姓氏选择的问题上都可以成为一种理由。这也是在我调查的案例中，"不招不嫁"双方都是大理白族或者是凤翔村的都会坚持不举行"接媳妇""更名换姓"仪式的原因，双方都受到同一文化观念的影响，任何一方都不想让同村人认为有"招女婿"或"嫁女儿"的含义在里面，这些仪式的意义深深地植根于其所存在的社会中。

总的来说，"不招不嫁"并非如村民们解释的那么简单，在不同的发展阶段有着不同的含义，在现阶段也有着不同的表现形式，可以说这种婚姻形式从初现一直发展到现在都未定型。通过其发展过程，我们看到村民不断地尝试摆脱传统婚姻形式在现代社会中的困境，尤其是所谓的"不招不嫁"中表现出来的"又招又嫁"的仪式，满足了双方家庭的需求，实现了从"零和博弈"到"正和博弈"的转化，从而达到双赢的目的。

第二节 仪式的"正和博弈"：聘礼和婚礼

乡土社会中，婚姻礼仪"是结婚双方取得社会认同的重要方式，通过婚姻礼仪，结婚双方获得社会权威和公众的承认"①。在白族传统的婚姻缔结中，举办婚礼将婚姻向大家宣告比领取结婚证更为重要，传统的"嫁娶婚"和"上门婚"都是通过婚姻礼仪来表现婚姻的性质。当"不招不嫁"这种婚姻形式普遍出现的时候，人们也力图通过婚姻礼仪来突出婚姻的性质，于是在传统婚姻礼仪的基础上不断进行改革，婚姻礼仪被赋予了更为丰富的含义。

一 聘礼之于"不招不嫁"的意义

白族嫁娶婚中，聘礼主要以金钱的形式送给女方家，女方家则用这笔钱为即将出嫁的女儿置办嫁妆。聘礼给多少是双方家庭不断商议的结果，商议的过程主要由媒人在中间周旋。一些研究者将婚姻中聘礼与买卖婚联系起来，在凤翔村调查的结果并非如此，为了让女儿风风光光地出嫁，很多父母要为女儿置办很多嫁妆，其价值往往超过男方家送的聘礼，超过的数目都是女方家长出钱。据了解，大概从 2004 年开始，有的父母将男方家送来的聘

---

① 李飞龙：《20 世纪 50—80 年代农村婚姻礼仪的社会功能》，《重庆社会科学》2011 年第 10 期。

礼原数装裱在一个玻璃框中作为女儿嫁妆的一部分，自己再出钱
为女儿置办其他所有的嫁妆。既让女儿风风光光出嫁，自己也有
面子。

婚姻礼仪中必不可少的聘礼在"不招不嫁"中被省去。家长
认为既然是"两边照顾"，那么聘礼也就不应该送了，否则跟传统
的嫁娶婚没有什么差别。

> Z男：我们准备结婚的时候，我家坚持要"娶媳妇"，请
> 人到我媳妇家征求她父母的意见，当时我爸嘱咐那个人说只
> 要她父母答应嫁女儿，聘礼他们开口多少就送多少。可我媳
> 妇是家中长女，她父母就说聘礼一分钱不要，也就是不同意
> 嫁女儿了嘛，说如果我们坚持要娶，他们也就坚持要招（女
> 婿），后来就退一步按照现在流行的"不招不嫁"来办，也没
> 送聘礼。

X母当初没有向男方家提任何要求，也没有答应接受聘礼，是
因为她认为收了聘礼就代表是嫁女儿，因此她坚持不收男方家一
分钱，从而保证这桩婚姻"不招不嫁"的性质。除了聘礼之外，
连订婚仪式上男方送来的礼物都让家长非常"敏感"。

> L母：婚前我们两家的至亲来我家吃了一顿饭，算是订婚
> 仪式，当时女婿家还拿来了很多红糖①，要分给我们这边的亲
> 戚，我说我们是"不招不嫁"，这个我们都不能收，收了就变
> 成嫁女儿了，后来他们也理解，就没再坚持。
>
> S女：我们订婚的时候有点特殊，说是订婚，我和我老公
> 由于工作原因一个都没在家。老公家请他的姑妈、孃孃几位

---

① 嫁娶婚中，在订婚仪式上，男方家要带红糖送给女方父母的兄弟姐妹，算是见
面礼。

亲戚来我家与我的父母见面。我们家这边叫了几个叔叔和舅舅，大家一起吃了一顿饭就算订婚了。我妈之前也让我转告我老公说一切从简，结果订婚那天我老公家给我父母带来了两套衣服和一些礼物，而且是快到我家时用几个托盘抬着这些礼物进来的，村里人肯定会看到嘛！我妈晚上就给我电话说老公家今天抬着托盘送来衣服和礼物，她不收怕他们生气，收了别人会以为他们把我嫁了，问我要不我们也买点礼物送回去。其实这件事情我之前就知道，婆婆说我是家里的长女，订婚送点礼物显得他们还是很重视这桩婚姻的，我父母在村子里也有面子。

传统"嫁娶婚"中聘礼是婚姻缔结的重要象征，男方前往女方家订婚这天要给女方家送烟酒糖茶等礼物，从订婚一直到结婚，都是以男方送礼物到女方家为主，有时候礼送的不够还会引起女方家的不满。现在为了强调"不招不嫁"的性质，从订婚开始女方家长就注重每一个细节，突出双方在这桩婚姻中的平等，以此与传统的"嫁娶婚"相区别。不收聘礼奠定了"不招不嫁"的性质，之后的婚礼将这桩婚姻宣布于众人。由于"不招不嫁"目前还未形成统一的模式，于是双方家长对婚礼仪式的理解也会出现差异，在这种情况下，只有经过不断协商婚礼才能顺利举行。

二　"不招不嫁"的仪式之争

"不招不嫁"强调的是"两边照顾"，选择"不招不嫁"这种婚姻形式的家庭事先也明白这意味着要举行两次婚礼，婚礼当天"接媳妇/女婿"的仪式就省去了，但商议婚礼的过程中，很多家长依然想"最后一搏"争取婚礼仪式的主动权，都想让对方让步按照传统的方式来举办婚礼，这难免引起双方家庭的争执。"不招不嫁"中双方家长之所以会发生争执，是因为"仪式把过去的不断重构与实际行动紧紧地联系在一起"①，让一切变得清晰可见，可以在日后的博弈中占据上风。

Z男和X女都是凤翔村的白族，两人都在外地工作，双方家庭在商议之后采取现阶段时兴的"不招不嫁"的婚姻形式。由于两家相隔很近，男方家希望在婚礼当天能按照白族传统婚礼的形式前往新娘家接媳妇，但这一提议很快遭到了女方家长的反对。女方家长说如果男方执意要前来迎娶新娘，那么待到女方家举办婚礼的那一天，他们也会前往男方家接新郎，并为新郎"更名换姓"。最后Z男家放弃了接媳妇的想法。

L女和Z男都是凤翔村人，L女是家中的独生女，Z男家中还有一个妹妹，两家人在商议结婚的时候选择了"不招不嫁"的婚姻形式，且Z男的父母说尽管是"不招不嫁"，考虑到L是家中的独生女，所以婚后可以多照顾女方家，毕竟他们自己还有一个女儿。双方在谈妥这些条件之后举行了简单的订婚仪式，并选好日子准备在2014年1月举办两次婚礼。但后来女方又提出要在婚礼当天去"接新郎"，这遭到了男方的反对，而女方家长又一再坚持，无奈之下只能退婚。

在上述案例中，就婚礼当天是否"接媳妇/新郎"这个问题产生了争执，第一个案例中两家人经过商议最终让婚礼顺利举行，而第二个案例中则直接导致了退婚。尽管这只是一个仪式，但对于当事双方来说是否举行这个仪式有着非常重要的意义。

我问：您为什么不让他们来接媳妇/接新郎呢？

第一个案例中X女的父亲：我们说好既然是"不招不嫁"，就是两边照顾了嘛，那肯定不能来接媳妇了，不然村里人会以为我是嫁女儿，同意他们来接媳妇跟同意嫁女儿有什

---

① 安东尼·吉登斯：《生活在后传统社会中》，〔德〕贝克、〔英〕吉登斯、〔英〕拉什：《自反性现代化：现代社会秩序中的政治、传统与美学》，赵文书译，商务印书馆，2001，第82页。

么区别？那样也不用说"不招不嫁"了。

第二个案例中 Z 男的母亲：现在提到这件事情我还很生气，我们已经够让步了，连结婚之后按照传统的"招女婿"习俗给我儿子取个名字我都答应了，他们得寸进尺要来接我儿子，那不是我儿子变成上门女婿了？我可丢不起这个面子。

在调查中，我遇到一个案例，尽管没有正式的接媳妇的仪式，却明确地表明了这样的意思。Z 男和 X 女也是"不招不嫁"，X 女是凤翔村人，Z 男是附近的源胜村人，Z 男家先举办的婚礼。结婚当天，新娘大清早就出门去化妆，早上十点化妆完回来的时候，Z 男家的亲戚朋友都准备在门口燃放鞭炮迎接她回来。

X 女：我快到家门口发现他们家的亲戚朋友、吹唢呐的都在门口等着，我一下车他们就燃放鞭炮。当时就我和我表妹，我都一下子没反应过来，想着他们村"不招不嫁"怎么还要这样迎接新娘。过后我才知道尽管没有正式接媳妇的仪式，但那时候的场景也基本向村民表明了"接媳妇"的意思。我后来也没和我父母提起这件事，免得他们不高兴，我就当入乡随俗吧，反正我们清楚是"不招不嫁"。

"不招不嫁"中男方和女方各办一次婚礼，举办婚礼也就必然有先后之分。有的家长对哪家先举办婚礼并不在意，一方择日之后，另一方会选择与此相隔三四天举办下一场婚礼，只要在各家举办一次就可以了，而部分家长则给谁家先举办婚礼赋予了更丰富的含义。L 男和 L 女都是凤翔村人，两人结婚前商议按照"不招不嫁"来办婚礼，订婚的时候说好了是男方家先举办婚礼，没想到 L 女的家人在得知男方家选定了婚期之后，重新选了一个日期，比男方家选的婚期早了七天。男方家知道之后很生气，在女方家举办婚礼当天，男方母亲以在外做生意实在抽不出时间为由没有出席。

L男的母亲：他们这样做让我们有点下不了台，他们相当不讲道理，做事情偷偷摸摸的，要不是为了儿子的幸福考虑，我都想让儿子重新找一个媳妇了。你说大家一个村抬头不见低头见的，他们会做出这种事情，这种亲家你说怎么往来？因为这件事现在除非迫不得已，否则我们家和他们家基本都不往来。

调查中发现，出现这种情况并不是因为没有事先"沟通"，最主要的原因是部分家长认为尽管是"不招不嫁"，但如果先举办婚礼就占据了主导权，即男方先举办婚礼，大家还是觉得是"娶"的成分多一些，而女方先举办婚礼，则意味着"招"的成分多一些，尤其是婚姻缔结中两家都是凤翔村人的时候，谁家先举办婚礼村民是有目共睹的，双方都想争这个面子及背后的主导权。

图 3-1 "不招不嫁"中男方在女方家祭拜
资料来源：2014 年 1 月、2015 年 2 月田野调查。

韦斯特马克认为，"婚姻礼仪的社会目的在于使男女的结合具有一种公开性"①。"不招不嫁"中看似简单的"接媳妇/新郎"仪

---

① 〔芬兰〕韦斯特马克：《人类婚姻史》(2)，李彬译，商务印书馆，2002，第 827 页。

式会引起双方家长的争执，人们非常看重仪式向他人表达的意义，这关乎婚姻的定位及家庭面子问题。吉登斯认为，"仪式的重要性在于，它能提供文化社群共享的证据，而且参与仪式代表了某种日后难以背弃的公开承诺"①。不送聘礼和不举行"接媳妇"的仪式成为"不招不嫁"这种婚姻形式的主要标志，这奠定了"两边照顾"的基础，而双方家庭在未来孩子的姓氏问题上的博弈也变得"有据可依"。

三 "不招不嫁"婚礼展演

传统"嫁娶婚"／"上门婚"中，女儿/儿子从此离开自己所在的家庭，对很多父母来说是一件很伤心的事情，女方/男方父母并不会在婚礼当天出席对方家的婚礼。"不招不嫁"这种婚姻形式出现之后，在一方举办婚礼的当天，另一方的父母及亲戚朋友都会前往"做客"。我在参与的众多"不招不嫁"案例中选取一个来再现双方亲戚参与婚礼的场景。

Z 男和 Y 女都是凤翔村人，两家相隔不到一千米。2014 年正月初六在 Z 男家举行婚礼，正月初十在女方家举行。正月初五大家还沉浸在新年的气氛中，这一天早上 Z 男在同伴及一位叔叔的陪同下前往本主庙为婚礼举行相关的祭祀，下午则忙于祭祖先、接喜神等事情。中午时分，新娘在几个朋友的陪伴下出现在 Z 男家，对此大家并没有感到好奇，都很自然地和她打招呼。新郎忙完的时候已经是下午六点左右，新郎新娘及他们的朋友在一起吃了晚饭。饭后大家都到为新人准备的新房（确切指卧室）中聊天。晚上十点多，新郎的母亲为新娘在楼上准备卧房，新郎在弟弟的卧房休息，新房则请两个十岁左右的孩子来"压床"。

---

① 〔德〕贝克、〔英〕吉登斯、〔英〕拉什：《自反性现代化：现代社会秩序中的政治、传统与美学》，赵文书译，商务印书馆，2001，第104页。

初六早上六点多①，新娘在朋友的陪伴下出门化妆。八点半的时候新娘已经梳妆打扮好回到新郎家中。九点左右②，新郎、新娘以及新郎的父母、叔叔等到大门口迎接客人。十点左右，新娘的父母以及新娘家的亲戚一行二十人左右出现在新郎家门口，燃放了鞭炮之后，女性亲属们先去"挂礼"③，男性进入男方家吃早饭，新郎的父亲也陪前来的亲家一起入席。在挂礼的人群中我发现了新娘的母亲，她送了1000元礼金，礼簿上记的是新娘弟弟的名字。挂礼结束之后，女性亲属在新郎母亲的陪同下一起入席吃早饭，新娘的父母及亲戚受到了比一般客人更热情的接待，主人额外为他们加了一些菜，准备了苦茶和甜茶。吃过饭之后，新娘的父母及亲戚稍作休息之后便一起离开了，说是要回去准备几天之后的婚礼。初六的婚礼举行完之后，初七新郎家举行了"满七"④的仪式，亲戚朋友一起来吃饭，新郎家的婚礼就算结束了。

初九早上，新郎和新娘早早来到女方家，新郎在新娘亲戚的陪同下再次前往本主庙祭祀，这一次是代表女方家去的。传统嫁娶婚中嫁女儿的家庭无须去本主庙磕头祭祀，都是娶媳妇的新郎家去祭拜，"不招不嫁"出现之后，女方家也在婚礼前一天由新郎去本主庙祭拜，实际上象征着新娘家将他当儿子看待。婚礼当天，新郎的父母及亲戚也在上午"开席"的时间来女方家做客。这一次，新郎的母亲给女方家同样送了1000元的礼金，礼簿上记的是新郎父亲的名字，新郎的母亲说这算是"还礼"。

---

① 每年过年前后这段时间是结婚的高峰期，日子好的时候村寨中一天有十几家举办婚礼，加之当地客人都是在早上九点半之后陆续来到，因此要早起梳妆打扮。

② 凤翔村婚礼待客都是从九点左右开始，叫"开席"，村寨中的老人以及与主人关系密切的亲戚朋友都会被邀请来"开席"，其实也就是做客。凤翔村大概是早上九点到十点是早餐时间，下午三点到四点是午餐，晚上七点左右是晚餐，这也是当地从早上九点就开始待客的原因，这样的饮食作息安排实际与传统的农业生产安排有密切关系。

③ 即给新郎家送礼钱，结婚的时候请人来记录谁送来多少礼金，方便日后还礼。

④ 婚礼之后满七天要请亲戚朋友再来家中一起吃饭相聚，后来七天变成三天，现在大家为了赶时间，婚礼之后一天就算是"满七"。

图 3 - 2　女方家长迎接来做客　　　图 3 - 3　"不招不嫁"中在门口
　　　　　的男方家长　　　　　　　　　　　迎接客人的女性

资料来源：2015 年 1 月、2012 年 12 月田野调查。

　　每一场婚礼的现场，我们看到亲家之间的关系显得异常微妙，男方/女方父母在去对方家做客前一天要通知亲戚①第二天去做客的时间，大家在男方/女方父母的带领下前往女方/男方家做客。这些亲戚并不是单独的个体，而是作为一个亲属集团来参加婚礼，对方家来多少人、来的是些什么人都会成为村民谈论的话题。新郎/新娘背后的亲属集团是他们强有力的依靠，还涉及双方家庭的面子，这种做客实际上也是两个亲属集团之间一种无形的"竞争"。

　　"不招不嫁"这种婚姻形式从最初出现发展到现在，经历了漫长的过程。在这个过程中，"不招不嫁"经历了从被排斥到被接受、从个人接受到集体接受的变化。"不招不嫁"是在传统"嫁娶婚"和"上门婚"基础之上进行的一种婚姻形式的再生产，这种再生产是由集体共同完成的。婚礼仪式之所以被双方家长看得非常重要，是因为从婚礼仪式开始的变革让婚后的所有问题都变得理所当然。"仪式的重要性在于，它能提供文化社群共享的证据，而且参与仪式代表了某种日后难以背弃的公开承诺。"②从短期内来看，婚礼仪式中强调的是女儿在家庭中的地位，即她并未被

---

①　主要是父亲一方和母亲一方的兄弟姐妹。
②　〔德〕贝克、〔英〕吉登斯、〔英〕拉什：《自反性现代化：现代社会秩序中的政治、传统与美学》，赵文书译，商务印书馆，2001，第 104 页。

"泼出去",更长远的则意味着婚后所生孩子要承担起家庭继嗣的责任。

第三节 日常生活的"正和博弈": 居住格局与称谓

"不招不嫁"这种婚姻形式并未完全脱离传统的嫁娶婚,而是在传统嫁娶婚和上门婚的基础上进行改革,不断扩充其内容和含义,这也就带来了传统元素与新加入元素之间如何共生的问题,加之双方家庭的利益出发点各有差异,使得"不招不嫁"的双方家庭在婚后许多问题上仍需不断博弈和协商。

一 婚后灵活多样的居住方式

传统的嫁娶婚中媳妇婚后住在丈夫家,上门的女婿住在媳妇家,婚后的生活固定在其中一方。这样的居住方式也意味着媳妇/女婿要适应并融入新的社会关系,完成身份的彻底转换。"不招不嫁"这种婚姻形式中双方父母都为结婚的新人准备婚房①,新婚夫妇在居住方式上有很大的灵活性,但在平时的生活中,夫妇一般只能偏重一方或者是直接采取新居制。

由于大部分年轻人在外工作,双方父母为新婚夫妇准备的婚房大部分的时间是闲置的,一年下来也住不了一个月。部分夫妇工作地离男方或者女方家比较近时,夫妇的居住和生活就会更多依赖相隔较近的这一方。

> L女:我工作的地方离我老公家很近,所以尽管是"不招不嫁",平时为了上班方便,大部分的时间我们都住在老公

---

① 这里的婚房指的是新婚夫妇的卧室,而不是现代城市社会所指的为结婚购买的楼房。

家，周末或者节假日回去看我父母的时候我们就住在我家，平时也不用跑来跑去。

X女：结婚之前我跟我母亲说婚房就随便准备一下，我们大部分的时间都在下关，平时住得很少。结果结婚前回来一看，我爸妈还把老房子重新装修了一遍，说是"不招不嫁"肯定要为我们准备新房，一是我们住着舒服，二是不想让村里人说三道四，觉得他们不重视这个婚礼。我老公家也准备了新房，其实现在我们一年加起来在父母为我们准备的新房中住的时间最多也就一两个星期。

双方家长为新婚夫妇准备婚房这件事情在年轻人看来可有可无，而在父母看来准备新房意味着他们是家庭的一员，他们随时可以回来。

X女的母亲：像我年轻的时候嫁来这里，没有特殊的情况每次回娘家都不会住在娘家，一是出嫁之后娘家没有专门属于我住的房间了，毕竟是嫁出去的女儿；二是除了过节回娘家之外，平时我在娘家多住几天，村里人就会猜测我是不是和婆家吵架了。现在"不招不嫁"就不一样了，每家都为他们准备了婚房，两边都是家，怎么住都是合情合理的，女儿想什么时候回就什么时候回。

虽然只是一间简单的婚房，但是这间屋子的意义已经远远超过了单纯住的含义。尤其是对女方来说，意味着女子并未被娘家"泼出去"，她依然属于原来的家庭；婚后夫妻双方的活动空间不再以一方为主，他们必须兼顾双方家庭，小心维系每个家庭背后的亲属网络和社会关系。

除了在两边都为新郎新娘准备婚房之外，部分"不招不嫁"夫妇由于工作地在远离男方和女方的地方，出现的第三种情况是婚后两人单独出来居住，在节假日才回男方或女方家居住。刘华芹对农村新居制的定义是："有些农村地区的年轻人婚后居住在小城市（多数是县城）购买的楼房里，已然实现了定居城市的意愿，但他们的父母仍然居住在农村。"① 在这里我借用新居制来表达"不招不嫁"中离开双方家庭夫妻独立居住的情况，但我指的新居制中夫妻双方在县城购买楼房的比较少，在地市、省会等地买房的情况更多；另外，还有部分夫妇是在工作地租住房子，我也将其划入新居制的居住模式。不管是租房还是买房，这部分夫妇大部分的时间远离双方父母在外单独居住。

夫妻双方居住地的选择尽管更多取决于工作地点，但在调查中也看到有的夫妇虽然婚后单独出来居住，但由于离其中一方父母比较近，平日的生活圈子还是主要围绕一方展开，这也让不少人产生了"误会"。

Z男和L女婚后都在县城工作，L女家本来就住在县城，两人婚前并没有像大多数人购买楼房，而是在县城边的村寨中购置了一处传统的白族民居，经过装修之后作为婚后两人的住所。宅子是两人共同出资购买的，离女方家大概一公里的距离。

> L女：我们结婚的时候单位上很多人以为我老公是来上门，一是很多人以为我们现在住的这个院子是我家的房子，如果我们买的是楼房，可能别人就不会这么想；二是离我家近，所以平时与父母在一起的时间也比较长，现在我怀孕了，都是我父母亲来照顾我的饮食起居。为了不让别人误会我老公是上门女婿，我每次都要向我同事和朋友解释一遍房子是我们共同买的，我们是"不招不嫁"，不是招女婿。

---

① 刘华芹：《农村"新居制"及其影响研究——以山东明村为例》，《思想战线》2013年第4期。

"不招不嫁"带来的并不只是单纯的居住方式的改变,更重要的是意味着女儿婚后并不完全从属于夫家,这种身份的归属从某种程度上改变了女性必须加入夫家的传统。从某种程度上来说,我认为这对于女性地位的改变提供了一个重要的条件。"不招不嫁"中女儿并未离开父母,也无须完全加入丈夫的家庭,这一点从最初的婚礼仪式中就体现出来,从而在最初就奠定了婚后女性并不从属于夫家。婚后的女子在丈夫家,是他家的儿媳妇,在自己家,是父母的女儿,可以说是一半女儿一半儿媳妇。而"不招不嫁"的部分女性也充分发挥其能动性,在不同的场合根据不同的身份来进行"展演"。这与传统的婚后从属于夫家是完全不同的归属,这种归属使得婚后女性的生活拥有很大的灵活性,在日常生活中同时扮演儿媳妇和女儿的角色。

> L女:每次回我老公家我都很勤快,扫地、做饭、洗碗,我样样都抢着做,反正一年我们也就回去那么几次。毕竟我是人家的儿媳妇,不能让老人觉得这个媳妇很懒惰,什么都不会干。我自己也就回他家的时候多辛苦一点,但这样子老公高兴,婆婆也开心,换来一家和和气气的多好。

不管是双边居还是新居制,婚后夫妇并不完全生活在夫家或者妻家,有着多重的选择,改变了传统的婚后从夫居传统。费孝通曾提道:"从法律或是情感上说,每个男子是有一个所属的地方。这个地方是从父方得来的。女子的情形不同。生于斯不必老于斯,她一出嫁就得住到丈夫的家乡去。"[①] 住到丈夫家不只是一个住所的移动,更重要的是从此她离开原来的亲属集团,重新加入丈夫的亲属团体,所有的生活围绕夫家展开,出嫁的女儿与娘家相互之间的关心和帮助更多出于一种情感的因素。"不招不嫁"

---

① 费孝通:《乡土中国》,商务印书馆,2011,第231页。

中的女性在明确自己的定位之后，并没有完全脱离传统嫁娶婚的影响，在婆婆家的时候依然按照传统的儿媳妇的标准来要求自己，主动去迎合丈夫的家庭。这与传统上所认为的媳妇被婆婆牵制的情况完全不同，女性按照社会对"儿媳妇"的要求来约束自己，把自己最好的一面展现给夫家及其亲戚，积极主动地去适应在婆家的生活。

二 "阿婆"与"奶奶"之争

"亲属称谓方式通常是被用作一种建立和识别这些范畴的工具。一个称谓可以被用来确指亲属中的一个范畴，不同的称谓将区别不同的范畴。"[1] 在凤翔村，当地白语中没有"外公""外婆"这样的称谓，都是统称为"爷爷""奶奶"，婚后对双方父母的称谓也一样，父系和母系的亲属称谓有很多一致的地方。李东红的研究认为，凤翔村亲属称谓具有"父系、母系区分不严，血亲、姻亲不分"[2] 的特点，主要表现在以下几个方面：祖父母辈血亲、姻亲称谓一致；父系称谓跨越血亲、姻亲；平表、同胞兄弟姐妹称谓一致；晚辈亲属称谓父系、母系及姻亲完全相同，这也是与汉族的家长制及宗法制有内在差异的地方[3]。"不招不嫁"出现之后，村民认为亲属称谓也应该跟着改变，其中最重要的改变就是对交表兄弟姐妹的称谓。为了更好地展现凤翔村亲属称谓的特点及"不招不嫁"这种婚姻形式中发生变化的部分亲属称谓，我将以表格呈现这种变化，见表 3-1。

---

[1] 〔英〕A. R. 拉德克利夫-布朗：《原始社会的结构与功能》，潘蛟等译，中央民族大学出版社，1999，第 66 页。

[2] 李东红：《乡人说事：凤羽白族村的人类学研究》，知识产权出版社，2012，第 134 页，关于凤翔村亲属称谓的具体情况可参见第 126—134 页。

[3] 李东红：《乡人说事：凤羽白族村的人类学研究》，知识产权出版社，2012，第 126—134 页。

表 3-1 传统嫁娶婚与 "不招不嫁" 婚姻形式亲属称谓的比较

人类学称谓	白语称谓（嫁娶婚）	白语称谓（不招不嫁）	汉语称谓
父之父	$lɔ^{42}$	$lɔ^{42}$	爷爷
父之母	ne^{44}	ne^{44}	奶奶
父	ti^{33}	ti^{33}	父亲
母	$mɔ^{33}$	$mɔ^{33}$	母亲
父之兄	$tɔ^{31}ti^{33}$	$tɔ^{31}ti^{33}$	伯父
父之兄之妻	$tɔ^{31}mɔ^{33}$	$tɔ^{31}mɔ^{33}$	伯母
父之弟	$se^{31}ti^{33}$	$se^{31}ti^{33}$	叔父
父之弟之妻	$se^{31}mɔ^{33}$	$se^{31}mɔ^{33}$	叔母
父之姐	$ta^{55}ȵa^{33}$	$ta^{55}ȵa^{33}$	姑妈
父之姐之夫	$ku^{35}mɤ^{44}$	$ku^{35}mɤ^{44}$	姑父
父之妹	家中排行 + $ȵa^{33}$	家中排行 + $ȵa^{33}$	姑妈
父之妹之夫	$ku^{35}mɤ^{44}$	$ku^{35}mɤ^{44}$	姑父
母之父	$lɔ^{42}$	$lɔ^{42}$	外公
母之母	ne^{44}	ne^{44}	外婆
母之兄	$a^{31}tɕiu55$ 舅舅	$tɔ^{31}ti^{33}$ 伯父	
母之兄之妻	$a^{31}kɯ^{33}mɤ^{44}$ 舅母	$tɔ^{31}mɔ^{33}$ 伯母	
母之弟	$a^{31}tɕiu^{55}$ 舅舅	$se^{31}ti^{33}$ 叔父	
母之弟之妻	$kɤ^{33}mɤ^{44}$ 舅母	$se^{31}{}^{m}ɔ^{33}$ 叔母	
母之姐	$tɔ^{31}$ 姨妈	$ta^{55}ȵa^{33}$ 姑妈	
母之姐之夫	$ji^{42}ti^{33}$ 姨父	$ku^{35}mɤ^{44}$ 姑父	
母之妹	ji^{35} 姨妈	家中排行 + $ȵa^{33}$ 姑妈	
母之妹之夫	$ji^{42}ti^{33}$ 姨父	$ku^{35}mɤ^{44}$ 姑父	

资料来源：2014 年 12 月田野调查整理。

通过表 3-1，我们看到与传统的嫁娶婚相比，"不招不嫁"中发生变化的部分主要是女方亲属称谓，变化的结果就是女方亲属称谓与男方亲属称谓趋于一致，即李东红提到的"交表兄弟姐妹称谓不一致"的特点在"不招不嫁"的婚姻形式中变为"交表兄弟姐妹称谓趋于一致"。通过亲属称谓的改变，女方在双方亲属集团中的位置得以重构，双方家庭的平等得到凸显。

凤翔村本地村民早已经习惯了这种父系和母系趋于一致的亲属称谓，通婚圈扩大之后一些家庭与汉族的男子通婚，而汉族用"爷爷""奶奶"和"外公""外婆"来区别父系与母系不同的亲属，凤翔村的女方家长就不高兴了，尤其是在"不招不嫁"这种婚姻形式中，女方父母认为这样的称呼是变相将他们疏远。

2013年7月，我前往温水村①的亲戚家做客，在亲戚的邻居家，我目睹了如下场景。邻居家的女儿找了一个四川的老公于2010年结婚，采取了"不招不嫁"这种婚姻形式，那时候两人的小孩大概有三岁。那天很多亲戚在院子里聊天，男方和女方的母亲都在场，男方的母亲在逗小孩玩耍，这个过程中她告诉孙女："你看，阿婆（指外婆）在那边，快去阿婆那里。"没想到"阿婆"听了这话不高兴了，说："我也是奶奶，不是阿婆，她（指小女孩）有两个奶奶。"原本很欢乐的气氛一下子就淡了下来。男方的母亲是汉族，在她看来孙女叫亲家母"外婆"是很正常的事情，正如她后来告诉我："不是儿歌里都是教小孩'妈妈的妈妈叫外婆吗'？"而在女方的母亲看来"阿婆"和"奶奶"有着本质的区别，"奶奶"和"阿婆"在这里有了"内"与"外"之分，女方家长当然不想被划分到"外"的这一边。

在之前的调查中我还未注意到这种情况，这次偶遇的事件也让我重新思考亲属称谓是否只是一个符号那么简单。在之后的调查中，我开始注意日常生活中亲属称谓的问题，发现在"不招不嫁"的家庭中女方为凤翔村白族、男方为外地人的时候这个问题普遍存在，其中最主要的原因就是各自对部分亲属称谓的认识有差异。最明显的就是"爷爷"与"外公"，"奶奶"与"外婆"，"爸爸"与"公公"，"妈妈"与"婆婆"，"孙子"与"外孙"的称谓。LFR生完孩子之后由她母亲来昆明帮忙照顾孩子，在平时

---

① 温水白族村与凤翔村直线距离相隔较近，在凤翔村翻越天马山之后即可到达，历史上与凤翔村往来密切。

的生活中，LFR 的母亲都是教孙子喊自己以及亲家母奶奶，她的理由是"我们凤翔村的都是这么叫的嘛，而且我们还是'不招不嫁'"，这使得孙子/孙女称女方的父母亲为"爷爷"和"奶奶"有了无可反驳的依据。

　　亲属称谓是在研究亲属关系时很重要的一个方面，拉德克利夫 - 布朗认为亲属称谓可以用来建立和识别亲属所属的范畴①。在"不招不嫁"这种婚姻形式中，女方首先通过改变亲属称谓来消减"内"与"外"之别，即传统上父系与母系之别，而凤翔村本身父系与母系区分不严的传统使得这些亲属称谓的改变显得有据可依。如果说"在父系制度的安排下，妇女在整个社会的亲属称谓体系和亲属制度中具有从属性的身份地位"②，那么"阿婆"与"奶奶"之争是女方及其父母争取与男方平等的一个方面，力图改变从属于父系的身份，从更长远来看，这也隐含着对第三代（孙子/孙女）的归属之争，关于这一点将在下一章详细论述。

第四节　亲家之间的"正和博弈"：
距离产生美

　　在传统婚姻的缔结中，凤翔村对于姻亲关系也是非常重视的，即便女儿出嫁之后，作为女儿的"后家"，不管是在日常生活上还是礼节性的来往，娘家都是女儿坚强的后盾。比如女儿夫家的弟妹大婚、盖新房、取名字等重要时刻，女方的娘家会带着女方的亲戚前来参加，这既是"讲礼"的重要体现，也让旁人看到女方有着坚实的亲属集团。当然，男方家也是如此，儿媳妇家有什么事情，夫家也会按照当地的礼节前往做客、帮忙，平日的生活可

---

　　①　〔英〕A. R. 拉德克利夫 - 布朗：《原始社会的结构与功能》，潘蛟等译，中央民族大学出版社，1999，第 66 页。
　　②　李霞：《娘家与婆家——华北农村妇女的生活空间和后台权力》，社会科学文献出版社，2010，序言，第 3 页。

以算是"礼尚往来"。男方和女方结婚不仅是两个人的结合,两个家庭及其背后的亲属集团也在持续互动,新的亲属关系也在这个过程中建立起来并通过平日的往来得到巩固。

一 亲家之间的"礼尚往来"

在前文中我曾经提到"不招不嫁"双方家庭的父母在婚礼当天会相互"挂礼",以客人的身份参加女儿或儿子的婚礼。在嫁娶婚和上门婚中,父母并不直接参与女儿或儿子的婚礼,女儿/儿子跟随前来接媳妇/接新郎的人离开父母家,很多亲戚会去"送亲",即跟随新娘/新郎到对方家,代替父母将出嫁/上门的女儿/儿子托付给对方,父母不能去送亲。"不招不嫁"中既然是两边照顾,一方家举办婚礼的时候另一方父母便会前去做客,这是区别于传统婚俗的一个重要方面,同时也是向村民表示这桩婚姻的性质。按理来说,"两边照顾"中双方家庭之间的往来应该比较密切,但由于通婚范围的扩大,男女双方有时候相隔较远,两亲家在平日的生活中来往很少,这对于传统的亲属社会来说无疑是一个巨大的冲击。

X 男是凤翔村的白族,Y 女是鹤庆的白族,两人于 2012 年结婚,婚后由于工作主要生活在鹤庆,但是并没有和女方的父母住在一起。2014 年 7 月,X 男哥哥家的孩子考上大学在凤翔村请客,Y 女家只有 Y 女的哥哥和嫂子前来做客,他们走的时候 X 男的哥哥家给他们准备了三百多块钱的当地特产带回去。总的来说,Y 女的家人在 X 家受到了热情的款待,但是第二天当我再次前去 X 男家时,X 男的父亲抱怨了与亲家之间来往的一些事情。

> X 男父亲:他们(Y 女)家每次办事情的时候,我都叫着我的兄弟姐妹去做客,包车我都去,既是给他们面子,也是为 X 男争面子,不至于让人觉得 X 男家都没什么人。但是两年下来,我觉得 Y 女的父母太小气,甚至有时候很不讲理,

像昨天他们只来了两个人代表 Y 女家，今天我看了他们挂了 200 块的礼钱，说实话让他们带回去的礼物都远远超过 200 块了，不是说我嫌少，是觉得他们不太重视这件事情。

一开始我认为 X 男的父亲之所以这样说是因为 Y 女家礼钱送得少，进一步了解之后才发现 X 男父亲的抱怨基于很多事情。首先，当天他们来做客的时候来得太晚。当地做客的时间主要是中午 12 点之前，关系密切的亲戚就要来得早一些。X 男家请客之前一天，Y 女家的哥哥嫂子已经在洱源县城住宿，第二天开车前往凤翔村只需要 25 分钟左右，但是 Y 女家的哥哥嫂子并没有早上就出现，而是在下午三点左右才来做客，那时候客人基本都已经散了。他们晚来的原因主要是利用做客之前的时间去泡温泉了。X 男的父亲认为如果说由于工作的原因晚来能理解，但他们都到县城了，只是为了泡温泉而推迟了做客的时间。他认为这件事情本来是"来做客顺便去泡温泉"，现在是变成了"去泡温泉顺便来做客"，让他觉得 Y 女家人不够重视这件事情。其次，X 男的父亲还进一步说到关于礼钱的事情：

Y 女家盖房子、她哥哥的孩子取名字，他们家请客的时候我都叫上我的兄弟姐妹去做客、挂礼，由于我们两家相隔有点远，我这边兄弟姐妹办事情的时候我也就不通知他们，但会去帮 Y 女家还礼，他们跑来跑去也比较麻烦。我想着 Y 女父母的兄弟姐妹办事情的时候他们也就帮我还那边的礼钱，但每次他们那边亲戚办事情，他们就打电话给我儿子，让他去还礼，这不是变成都是我们家在帮他们还礼？当初礼金是他们收的，现在还礼的变成我儿子。我儿子跟我说以后 Y 女家办事情请客，让我不用再叫我兄弟姐妹了，他们来两个人，我们也就去两个，免得到时候他们像这次一样，让我们在亲戚面前也没面子。

在"不招不嫁"这种婚姻形式中,双方家庭及亲属集团的往来最后变成只是双方父母之间的往来,而且这种往来往往都是小心翼翼,相互之间总会保持一定的距离。

由于"不招不嫁"这种婚姻形式对婚礼仪式、孩子未来姓氏的争执,双方家庭之间的关系或多或少会受到影响。一些父母认为女儿或儿子与外村人缔结婚姻有很多好处。

> L男的母亲①:两亲家隔得远一点,是非就少一点。以前我们父母希望我们找本村本寨的人结婚,大家相互熟悉,赶上农忙之类的大家也可以相互帮忙,亲家之间也是常来常往。现在不一样了,我觉得亲家隔得太近了不好,尤其像我们和亲家之间由于"不招不嫁"举办婚礼的问题搞得很不愉快。虽说是他们不讲理在前,但是同在一个村事后很多事情还是要按照传统的习俗和他们往来,否则就变成我们不讲理了。要是找个远一点的亲家,不高兴了就少来往也有充分的理由。

有些亲家尽管不在同一个村,但相隔很近,比如一方在凤翔村,一方在洱源县城,中间相隔不过 18 公里,双方家庭之间的往来依然非常少。我父母和我丈夫的父母就是属于这种情况,结婚将近一年的时间,平日里两亲家很少聚在一起。有时候我母亲去县城办事情会遇到我婆婆,婆婆经常邀请我母亲去家里坐一坐,但每次寒暄一番之后我母亲都以有事情婉言拒绝。后来我曾经跟我的母亲说偶尔遇见去坐一下也没事,但母亲认为还是不太合适。

> 我的母亲:主要是你们平时都不在家,我去了也没啥聊的,大家平时也不怎么来往,为了避免这种尴尬还是少去。

---

① 第三章中"不招不嫁"的仪式之争中提到 L 男与 L 女的案例,L 女的母亲在得知 L 男家结婚的日期之后又将婚礼提前,在 L 男家选定的婚期之前。详见第三章。

你们之间关系好是最重要的，我们父母之间表面上过得去就可以了，这样大家都不麻烦。

凤翔村传统社会是一个亲戚社会，血亲和姻亲关系相互交织，用当地人的话说，"大家都是亲戚"。现在由于距离的分割，对同一礼俗认识的差异以及不同的礼俗等，使得原本亲家之间应有的"礼尚往来"的亲戚社会出现了断裂。即使两亲家相隔很近，很多家长认为与亲家之间交往的原则是"能不麻烦亲家就不麻烦亲家"，至于亲家背后的亲属集团之间的相互往来就更不用提了。两亲家之间的地理距离越来越远，但最重要的是亲家之间的心理距离更远了。亲家之间本着互不打扰的原则，维护着所谓的亲家关系，这种关系更多成为一种象征性的亲戚关系。

二 亲家之间：谁去带孩子

亲家之间微妙的关系并没有随着婚礼的结束而结束，这种关系之所以微妙是因为他们都想在"不招不嫁"夫妇建立的小家庭中"抢占"属于他们的权力，其中最明显的就是婚后女方怀孕期间谁来照顾、以后哪方家长来带孩子的问题。

Y女怀孕之后，便和丈夫商量产前和坐月子期间谁来照顾的问题，丈夫希望让自己的母亲来照顾媳妇，但是Y女坚持要让自己的母亲来照顾，最后丈夫只好妥协了。

> Y女：我考虑让自己的母亲来照顾我，什么话都好说，请母亲做什么事情她也不会埋怨，毕竟我是她的女儿。婆婆脾气也好，但是我就担心到时候坐月子婆婆来照顾，我让她做这做那的，时间久了，她有意见。我听朋友说生完孩子有时候脾气会很暴躁，为了保险起见，我觉得还是让我母亲来照顾比较好。

"不招不嫁"从属于两家的性质，让女方的母亲来照顾坐月子的女儿也是情理之中，女儿充分利用"不招不嫁"的性质，可以向丈夫及婆婆提出这样的要求。而如果是嫁出去的女儿更多还是由婆婆来照顾，母亲即使愿意去照顾女儿，也要考虑诸多因素，不可能长时间照顾，以免引起女儿婆家人的意见。

> L女①：我在医院生完孩子之后就回婆婆家住了，老公工作太忙，回来了几天之后就回去下关上班了。我婆婆话不多，坐月子的时候我除了哄孩子就是喂奶，有时想找人说话，也找不到合适的人，我有段时间都怀疑我是不是得了产后抑郁症。有时候想拿个什么东西我也自己动手，尽量不去麻烦婆婆。我妈家离我婆家不远，走路也就十多分钟，但毕竟我是嫁出去的女儿，母亲只能隔几天白天来陪我一会儿，她经常来又担心我婆婆有意见，像你们"不招不嫁"的以后就不会像我这样了。

出嫁的女儿和"不招不嫁"的女儿身份归属的差异性决定了是该由婆婆还是自己的母亲来照顾自己，出嫁的女儿在这个问题上并没有太多的选择，出嫁之后是"在他家"，而"不招不嫁"既可以"在他家"，也可以"在我家"。"坐月子"结束之后，"不招不嫁"夫妇又得面临谁来带孩子的问题，双方父母都想去带孙子/孙女，有的父母为此还争得不可开交。

Y女和L男都是凤翔村人，两人是高中同学，都在昆明工作，结婚的时候是"不招不嫁"。2011年10月两人在昆明生了孩子，过年回家的时候男方家和女方家各去本主庙进行了祭祀，请了一些亲戚朋友来参加取名字的仪式②。给孩子取了两个名字。

---

① L女是直接嫁入H家，并不是"不招不嫁"。
② 其实孩子的名字父母早就已经取好了，但是还是按照传统的方式请了一些亲戚去本主庙参加取名字的仪式，更主要的是向亲戚朋友宣告家中添了孙子这件事情。

春节之后，双方家长就谁去昆明帮助他们带孩子产生了激烈的争执。

> L男：孩子还没出生的时候就因为谁来照顾孩子这件事情争，我母亲想来照顾儿媳妇，我老婆他母亲想来照顾女儿，谁都有正当的理由。那时候要是其中一方过来，另一方肯定不高兴了。为了避免两家之间因此产生矛盾，我后来说她们上了年纪，孩子才出生带孩子比较累，就请了一个月嫂，一个月7000块。但这并不是长久之计，春节之后回昆明还是希望父母能帮我们去带孩子，那样我们也比较放心，可以安心去上班。
>
> Y女：要是我能决定肯定希望我母亲来帮忙带孩子了，但是我们是"不招不嫁"，也得考虑我老公他母亲的感受，她们之前就因为这件事情有点不愉快了，所以现在我也不知道该怎么办。

春节之后，Y女的母亲和他们前往昆明照顾小孩，双方母亲商量的结果是每人带半年，交替着去昆明帮他们照顾小孩。Y女和L男家谁来带孩子的问题最终还算完满收场，而C女和Z男就没这么幸运了。C女和Z男老家都是洱源，但由于工作的原因双方家长都居住在下关，两人结婚前Z男家为他们又购置了一套新房，婚后两人便单独出来居住。C女生完孩子之后，还在医院的时候双方家长就因为产后谁来带孩子的问题产生了争执，当时C女想出院后回自己父母家，那样退休的母亲可以照顾自己，但是Z男的母亲坚决不同意，认为一出院就回C女父母家别人会以为Z男家没人照顾，而C女又不想回婆婆家，最后C女选择回到两人的小家，坐月子期间请了月嫂来照顾。C女的妈妈和婆婆不定时会过来看望她，但是时间基本都会错开。为了避免双方家长之间因此滋生矛盾，C女上班之后就请了一个保姆来照顾小孩，白天C女的母亲来帮忙，C 女下班之后母亲再回自己家。

总的来说，相对于"在丈夫家"的生活，很多"不招不嫁"的女性更喜欢"在我家"的生活，这里"在我家"是指女性与自己父母的家，或者是与丈夫居住的第三个居所。在父母家，女性依然扮演的是婚前作为女儿的角色，她不用刻意去迎合父母，而且父母在很多问题上可以帮助分担和解决，而在第三个居所，她作为主人有着更多的自由。在我调查的在昆明及下关工作的"不招不嫁"夫妇中，以女方家长前来帮忙带孩子的居多，女方普遍认为自己的母亲来帮忙让自己更放松。对带孩子问题的争执对于亲家之间的关系多少还是造成了一定的影响，背后涉及的其实是父母认为谁家去带孩子以后孩子跟自己家比较亲，以间接的方式影响着孩子的家庭认同。

三 父母养老与"不招不嫁"

"不招不嫁"一直在强调要两边照顾，调查的整体结果显示所谓的两边照顾目前来说更多的是注重照顾两边的继嗣，当然，也有少部分的"不招不嫁"案例主要考虑的是双方父母以后的养老问题。在实际调查中，我遇到的一个案例婚前由于孩子姓氏的问题无法解决，最终采取的办法是求助于已婚的姐姐，通过各方的商议让出嫁的姐姐和姐夫以新的形式回到女方家，这更多是出于以后父母养老的考虑。

A 女和 D 男原本定于 2012 年年底结婚，A 女的姐姐在六年前已经出嫁，D 男的妹妹也已于 2011 年嫁人，由于两个家庭都只剩下一个孩子，两家人都想让两人婚后所生孩子跟着自己姓，尽管也在不停地商议，但还是没有想出很好的办法。女方的母亲觉得因为这件事情这么拖下去也不是办法，于是就找来了 A 女的姐姐和姐夫来商量。A 女的姐姐结婚的时候是嫁到男方家，但由于工作的地方离女方家很近，她和丈夫平时主要还是与 A 女的父母在一起生活，孩子一直也是 A 女的父母亲帮忙照顾。A 女的丈夫家中还有一个哥哥，于是 A 女的母亲与大女儿及丈夫家商量之后，决定让 A 女的姐姐、姐夫负责他们的养老，以后家中的财产也全部由 A 女的姐姐和姐夫继承，A 女就直接嫁入 D 男家。

> A 女的母亲：孩子的姓肯定重要，但是我也考虑到我小女儿要是"不招不嫁"，以后他们就得照顾四个老人，生了孩子之后还要照顾孩子。不是担心他们以后不照顾我们，而是担心他们以后力不从心，我们以后老了生病住院什么的，他们不一定能及时到身边，所以我就找我大女儿和她丈夫商量这个问题，我大女儿和女婿以后负责照顾我们，这的财产也留给他们，他们同意之后我就放弃让小女儿"不招不嫁"的决定了，让她直接嫁到 D 家，对大家都好。

A 女的姐姐和姐夫生的孩子依然跟着 A 女的姐夫姓，对于 A 女的父母来说，两人愿意回来照顾他们的生活已经是很不错了，孙子也经常和他们生活在一起，感情很好，至于姓什么就无所谓了。

在这个案例中，原本准备"不招不嫁"的 A 女和 D 男最终采取的是传统的"嫁"的婚姻模式，父母主要考虑的是以后的养老问题。若是"不招不嫁"，两个人要照顾四个老人，还不包括以后所生的孩子，这让 A 女的父母觉得没有"安全感"。传统的家庭结构与生计方式的改变让白族传统家庭的养老功能不断衰退，很多父母因此在担心自己年老之后的生活问题。

C 女有一个姐姐已经出嫁，Y 男有一个哥哥还未婚，哥哥在昆明上班。C 女和 Y 男本来商定的是 Y 男到 C 女家上门，但后来 Y 男家长提出要"不招不嫁"，两人继承两边的财产，同时要照顾两边的老人。

> Y 男的母亲：我和他父亲与大儿子商量让 Y 男"不招不

嫁"，他大哥对此没什么意见①，还很支持，主要是他在外面上班，家里的事情他也是鞭长莫及。这样一来 Y 男也可以经常和我们在一起，照顾我们，俗话说"养儿防老"，我们上了年纪有时真的需要儿女们的照顾和陪伴。

Y 男由"上门"到"不招不嫁"也有一些特殊的背景：Y 男的哥哥在昆明有一份收入不错且比较稳定的工作，他已经在昆明购置了住房，这也意味着 Y 男的哥哥以后主要是在昆明生活，即使回到老家一年也就那么几天；C 女和 Y 男家隔得很近，步行十几分钟就到了，这样照顾两边的老人比较便利。在这个转变中，Y 男父母充分考虑了自家的实际情况，将以后的养老问题提出来，他们以后的生活就可以"名正言顺"地得到二儿子的照顾，Y 男和 C 女在这个过程中也可以继承 Y 男家的财产②，可以说是一个"双赢"的局面。由于事先说好的就是让 Y 男上门，因此对于孩子的姓氏问题并没有产生任何争执，孩子以后跟着女方姓。还有一个重要原因是 Y 男的哥哥还未婚，结婚之后有了孩子可以跟着 Y 男的哥哥姓③，这样由大儿子负责家庭中的继嗣，小儿子负责父母的养老，是一种理想的家庭生活状态。

在"不招不嫁"这种婚姻形式中，女儿也承担起了赡养父母的责任。传统观念中，女儿嫁出去之后，不能得到家中的财产，同时也不需要负责父母的养老问题，父母的养老由留在家中的儿子负责。在平日的生活中，村寨中出嫁的女儿对父母的孝敬无非

---

① 这里涉及的主要是财产的问题，因为"不招不嫁"也就意味着弟弟要参与家庭财产的分配。

② 调查中，尽管 Y 男父母没有明说，但能听出大概的意思是大儿子在昆明收入很不错，不会回来分财产，以后回来有个住的地方就行，这也意味着家中的财产（自盖的一栋楼房及一个铺面）以后还是归 Y 男和 C 女所有。

③ 访谈中 Y 男的母亲隐约提到大儿子有一个昆明的女朋友，她认为现在都是大理的白族流行"不招不嫁"这种婚姻形式，还争孩子的姓，如果大儿子的女朋友不是大理白族，结婚之后孩子肯定是跟着儿子姓的，对此她看似有很大的把握。

是回娘家给父母带点礼物，买几件衣服，过节的时候给父母一些零用钱，父母平时的生活主要还是依靠留在家中的儿子。女儿对父母的孝敬可以说是"随心功德"，即使不做这些也不会招致人们的谴责，人们只会把"不孝"怪罪到留在家中的儿子头上。在调查中，也常常听到老人们时不时会说"有时候女儿会更孝敬父母"，其中的原因是女儿比较细心，尤其对于母亲来说，女儿与自己的关系往往会比儿媳妇与自己的关系要好。

唐灿等人对浙东农村女儿赡养问题进行了研究，发现女儿越来越多地承担起赡养父母的责任，甚至还要在经济上支持兄弟，在娘家经济和家庭福利上承担了重要角色。尽管如此，在以父系制度为主导的背景下，女儿仍然被定位为非正式成员，不管如何支持娘家的经济，最终还是要出嫁，依然被排除在家庭财产继承、家庭继嗣的行列外①。在我看来，从某种程度上来说，这种女儿赡养伦理的形成尽管是合理的，子女赡养父母也是天经地义的事情，但对于女性来说使得家庭中男女不平等的地位进一步加重，尤其是当大家都认可了女儿这个父系家庭非正式成员应该对赡养父母承担责任的时候，女儿不仅要赡养自己的父母，还要在婚后负责其夫家的父母，无形中加重了经济及精神压力。"不招不嫁"中强调"两边照顾"，也包括要照顾两边的父母，女儿也进入赡养父母的行列，这是建立在"不招不嫁"的基础之上，意味着女儿也可继承家庭财产。这与唐灿所注意到的浙东农村中女儿在娘家经济和家庭上以付出为主的现象有根本区别。

"不招不嫁"这种婚姻形式的发展是白族社会为了摆脱传统的嫁娶婚和上门婚在当代社会所遭遇困境的尝试。整个凤翔村的村民在这个过程中或多或少都对"不招不嫁"这种婚姻形式产生了影响，对传统婚姻形式进行重构和再生产，既保留了嫁娶婚及上

---

① 唐灿、马春华、石金群：《女儿赡养的伦理与公平——浙东农村家庭代际关系的性别考察》，《社会学研究》2009 年第 6 期。

门婚的一些传统，同时也在婚礼仪式、婚后亲属称谓等方面做出相应的改变。这些改变的过程也是双方家庭不断博弈的过程，这种博弈并不是一方的利益所得必须以另一方的失利为前提的"零和博弈"，因为双方家庭既考虑了自身的情况，同时也考虑到对方家庭的情况，尽可能做出同时满足双方家庭的决策。在这个过程中，既有冲突，也有妥协和合作，最终的目的是实现双方"共赢"，是一种"正和博弈"，而这一切都是为了实现名副其实的"两边照顾"。

第四章 "无限博弈": 婚姻缔结之后的"祖荫"

婚礼仪式的举行并不意味着"不招不嫁"双方家庭之间的博弈就此结束。婚后双方家庭围绕着孩子的姓氏问题、各自的家庭归属及认同问题等继续展开博弈。相比起之前婚礼仪式、居住方式等的博弈,婚后对孩子姓氏及家庭归属的博弈充满了很多的不确定性,双方家庭有时候能实现"双赢",而有时候则不得不面对两败俱伤的结局。

第一节 姓氏的争夺与变通

家庭继嗣以父系为主成为一种约定俗成的规矩,"不招不嫁"婚姻形式的出现意味着婚后两人既不完全从属于男方家,也不完全从属于女方家,婚后所生的孩子同样属于两个家庭。"两边照顾"意味着要照顾双方家庭血脉的延续,即继嗣,落在实处就是婚后孩子跟着谁姓的问题,延续了姓氏就等于延续了家庭的继嗣。孩子应该承担起哪家的继嗣,这是"不招不嫁"中让双方家庭最头疼的问题,大多数时候成为核心的问题,为此双方家庭不断展开博弈。

一 从孩子姓氏到家庭继嗣

中国有句俗话叫"不孝有三,无后为大",人与人之间相互争吵时最狠毒的莫过于"断子绝孙"这一句。在凤翔村,同村寨的长辈第一次见到我们这些后辈首先问的是"你姓什么","哪一个充的",继而追溯你上一辈或者再上一辈的亲属,得出"你是×姓(李、赵、许……)家的人"。这里的"×姓家"并不是指具体的一个家庭,而是指同宗同姓的这一世系,姓氏成为这一亲属集团的重要标志,"姓名的符号价值不仅仅在于符号本身,而在于他的意义"①,即辨血缘、明身份的功能。

为了顾及双方家庭的继嗣问题,传统的完全以一方为主的继嗣方式无以为继的时候,很多"不招不嫁"的家庭试图通过寻找新的方式来解决这个问题,力求让双方家庭血脉都得到延续。

D男和A女原本定于2012年年底举办婚礼,双方采取的也是"不招不嫁"的婚姻形式,婚礼的形式等问题在男女双方家长的共同协商下都得到了两全其美的解决,而当讨论到婚后所生孩子跟谁姓的问题时,两家出现了分歧,且都不愿意让步。D男和A女都是在法院工作,户口都属于城镇户口,D男有一个妹妹但已经嫁人,A女的姐姐也在六年前嫁人。按照计划生育相关政策,D男和A女婚后只能生育一个孩子,两家人都想让这个孩子跟着自己姓,于是婚礼一直往后拖,双方希望能找到一个合适的方法解决这个问题。

两家人商讨孩子的姓氏问题可谓想尽了一切办法。首先想出来的办法是给孩子取名字的时候把父亲和母亲的姓都用上,紧接着两家又开始争论谁家的姓放在前面,两家人谁也不示弱,互不相让,都想把自己的姓放在前面。随后想出来的一个解决方法是给孩子起两个名字,即用男方家的姓和女方家的姓各取一个名字。一开始大家都觉得这个办法很好,解决了姓氏的问题,但后来又想到孩子出生之后落户口时户口簿上该使用哪个名字,双方家长都想在户口簿上落跟着自己姓的那个名字,于是再一次商讨失败。落户意味着给孩子一个国家承认的法律身份,一旦确定再要更改

---

① 纳日碧力戈:《姓名论》,社会科学文献出版社,2002,第5页。

很麻烦。双方父母一致认为，如果孩子跟着谁姓这个问题没有商议好的话，就不能先结婚，否则以后生了孩子只会让这个问题变得更为复杂，于是两人的婚期便一推再推。只能生育一个孩子，两家都想让孩子跟着自己姓，这在很多"不招不嫁"案例中是普遍存在的问题。如果夫妇能生育两个小孩的话，孩子的姓氏选择问题就会变得简单很多。

X女和L男也是"不招不嫁"，X女是家中长女，有一个妹妹，L男是家中的独子，两人于2008年结婚。尽管两家都是在凤翔村，但还是先后举办了两次婚礼。婚前经过商议第一个孩子跟随L男姓，第二个孩子跟随母亲X女姓。调查时第一个孩子已经五岁，第二个孩子已经一岁半，由于两个孩子分别跟随父亲和母亲姓，因此为孩子起名的仪式也举办了两次，第一个孩子的起名仪式在L男家举办，第二个孩子的起名仪式则由X女家筹办，两次都是按照白族传统的起名仪式来举办。

X女的母亲认为L男已经是家中的独子，L男家的血脉不能在他那儿断了，自己的女儿是长女，也要承担起家庭的责任，所以做出一点让步，就让第一个孩子跟随男方姓，第二个孩子跟随X女姓，这样就解决了双方家庭的继嗣问题。能够生育两个孩子让"不招不嫁"婚后孩子的姓氏问题变得容易解决。

在调查中，采取"不招不嫁"婚姻形式的家庭对于未来孩子的姓氏问题普遍采取了两种方法，一种是一定要在婚前说清楚以后孩子跟着谁姓，然后再决定是否结婚，上述的两个案例都属于这种情况；另一种是婚前模糊孩子姓氏这个问题，先举办婚礼，等生了孩子之后再讨论孩子的姓，否则会因为还未出生孩子的姓氏问题两人婚都结不了。我和男友在结婚前双方家长也曾谈及以后孩子的姓氏问题，后来我们分别给各自的家长做思想工作，双方父母也比较通情达理，于是将这个问题放到有孩子的时候再讨论，而我和男友也在不断地沟通和商议，希望以后不要因为孩子的姓氏问题两家大动干戈。当然，将孩子的姓氏问题放在孩子出生前后再商讨有一定的风险，孩子出生之后两家的矛盾也可能随之出现，甚至一部分在婚前就商议好未来孩子的姓氏的"不招不嫁"家庭之间，当孩子出生之后，会出现一方"反悔"的情况。这些情况有的在协商之后能得到解决，有的则因为双方家庭各自坚持而导致双方博弈的失败，最后只能以离婚结束这场博弈。

二 "不招不嫁"者对婚后孩子姓氏的争夺

"嫁娶婚"和"上门婚"中婚后孩子跟谁姓是没有任何疑问的，"嫁娶婚"婚后孩子随父姓，"上门婚"孩子其实也是变相地跟着父亲姓。而"不招不嫁"中强调两边照顾，双方家庭对于孩子姓氏的争执无疑是对传统社会中父权制的一种挑战，人们习以为常的"孩子随父姓"这样一种观念被颠覆，孩子也可以直接跟着母亲姓。不管是出于自愿还是无奈，这种现象的出现离不开男性及其家庭的让渡，毕竟"子随父姓"的传统已深入人心。"不招不嫁"中有的男子婚前表现出对婚后孩子的姓氏无所谓的态度，让孩子跟着母亲姓也欣然同意，但随着孩子出生和成长，作为父亲的他又重新审视孩子的姓氏问题，一改婚前的大度谦让。

S 女和 Y 男于 2007 年结婚，S 女是家中的小女儿，有一个姐姐已经出嫁，一个哥哥在家娶妻生子，已经有两个孩子；Y 男来自石林，家中的三儿子，他的两个哥哥都已经结婚生子。当初 S 女和 Y 男采取的是"不招不嫁"这种婚姻形式，婚前也商定了以后孩子跟着女方姓 S，Y 男也同意了，因为觉得自己还有两个哥哥在家，孩子跟着妻子姓也无所谓。尽管两人都是在昆明工作，但 2009 年孩子出生之后夫妻两人带着孩子回到凤翔村，按照白族传统的取名仪式，请村寨中的老人为孩子取名字，跟着母亲姓。孩子出生之后，Y 男看到和他一起上班的很多同事孩子都是跟随父亲姓，只有他自己的孩子跟着母亲姓。每次同事都很好奇地问他为什么孩子不跟他姓，一开始他还会和别人解释，时间久了他觉得自己在同事面前很没面子。后来在平日的生活中 Y 男也无意中提出过用自己的姓给孩子再起个新名字，S女觉得孩子跟自己姓是婚前就说好的事情，况且都已经落户了，因此对老公提出的建议也没有放在心上。2012年6月，那时候S女在上海出差，S女的母亲在昆明帮忙照顾小孩，一天早上，Y男说带着儿子去小区的小公园玩，但实际上他是带着儿子和家里的户口簿去派出所把儿子的名字改了，新名字跟着自己姓。回来之后也没有向妻子说起这件事情。几个月之后，两人新买了一套房子，需要用户口簿去办理相关手续，S女这才发现户口簿上儿子的姓名已经被改了，跟着自己姓的名字变成了"曾用名"。

> S女：这件事情他肯定谋划很久了，连孩子跟他姓的新名字他都提前取好了，就找个合适的机会把名字写到户口册上构成事实。要不是因为买房子我都不知道他还要隐瞒到什么时候。你不知道我当时有多生气，他就这样偷偷摸摸地也不和我商量就把儿子的名字改了，当初孩子跟我姓他是同意的呀！
>
> Y男：同事的孩子都跟着父亲姓，我的孩子跟着母亲姓，很多同事甚至以为我是上门女婿，我跟人家说"不招不嫁"，人家又不熟悉，后来觉得在同事面前很没面子。我觉得和她商量她肯定不会同意，所以只能采取这样的办法，趁着孩子小把孩子的名字改了，以后长大了改名字很麻烦。

由于这件事情，S女和Y男一度争吵得很厉害，甚至闹到准备离婚的地步，两人都愿意放弃房产，但都争着要孩子。两人的争吵持续了一段时间，又考虑到离婚对孩子可能造成的负面影响，在亲戚朋友的劝说下重归于好。现在孩子在学校读书以及在办理保险等的单子上，都是用跟着Y男姓的名字，但是在家中，S女以及S女的母亲都坚持叫孩子原来的名字，尤其是孩子回到凤翔村的时候，S家的亲戚都会叫他原来的名字，S女的母亲非常忌讳提及孩子的新名字。

> S女的母亲：我认定的是我们给他起的名字，那个名字是我们回来村里请客，举办了正式的起名仪式，请村里的老人来起的，那么多人见证，可不是随随便便说改就改的。以后我的墓碑上肯定是用我们起的名字，他是我们S家的孙子，后来起的那个名字顶多也就是个读书名。①

在这个案例中，Y男的解释是家中已经有两个哥哥，且都结婚生子，他这么做并不是为了家庭的继嗣，最主要的是为了在自己同事面前的面子。不得不承认Y男受周围同事的影响，传统的"子随父姓"的思想油然而生，即使如Y男所说他不是为了继嗣，但其中也有传统的父权思想在作祟。类似这样"偷偷"修改户口簿上孩子名字的事情在"不招不嫁"这种婚姻形式中时有发生。

上述案例中孩子的姓氏在婚前都是已经商议确定的事情，但随着时间的推移，说好让步的一方最后都选择了以"非正常"的方式做出改变，在他们看来，户口簿上的名字跟着自己姓才能显示出父子的承继关系，抑或是实现家庭的继嗣。相比之下，另外一些"不招不嫁"的家庭在孩子的姓氏问题上在商议之后采取了灵活的解决方式，从而避免了双方家庭及夫妻之间的矛盾。

三 姓氏的变通：孩子的多重身份

"不招不嫁"中一些家庭非常在意户口簿上的名字，但毕竟户口簿上只能选择一个名字，在这种情况下，一些家庭采取了灵活变通的方式来解决这个问题，用他们的话说是更注重孩子"在我家"的名字。

---

① 凤翔村40岁以上的很多都有两个名字，一个是在家的名字，还有一个是在学校读书的名字。一般来说在村寨中很多人互相知晓的是在家的名字，读书名主要是在学校使用。

X 男和 Y 女也是"不招不嫁"，于 2012 年 1 月结婚，2014 年 8 月 Y 女生了一个小女孩，取名字的时候同时用了母亲和父亲的姓，且母亲的姓放在第一。X 男说这是事先已经说好的，从孩子出生到落户，男方就没有和女方争谁的姓在前的问题。男方的这种让步最初让我非常意外，但随着调查的深入，终于明白为何男方做出这样的决定。

> X 男的父亲：你叫许沃伦，但是平时人家都叫你沃伦，是吧？你说我们这里叫人都不会带上姓嘛，我家的孙女起的名字是 YX 菡，人们都会叫她 X 菡啊，你这么叫人家肯定认为她姓 X 了，所以你放心，这样最后还不是跟着我家姓？以后在我的墓碑①上孙女我就刻上 X 菡，村里人也就知道她是跟着我家姓的。至于户口册上的就无所谓了，谁专门去看你户口册上落了什么名字，是吧？

2015 年 2 月，X 男家专门为孙女举行了取名仪式，尽管名字父母亲提前已经取好，但还是仪式性地让村寨中的老人围坐堂屋中，象征着为孩子取名字②，同时这个仪式也向其他村民表明孩子

---

① 当地白族社会中，墓碑上刻的字很讲究，除了去世的人的生卒年月之外，还有之后三代或三代以上人的姓名，比如一位老人去世，其碑文中要刻上其子女及子女配偶的姓名、孙子/孙女的姓名、重孙/重孙女的姓名，辈数越多越说明子嗣旺盛，通过碑文可以了解这家的亲属关系网络。

② 白族传统的取名仪式并不是一件简单的事情，有很多讲究：首先，小孩的名字要有深刻的内涵；其次，在当地人们还要请测字先生根据孩子的出生为小孩测算他五行中缺哪一个，取名字的时候就要选择相关的字来弥补，比如说五行缺水，名字中有一个字就会带有三点水，五行缺火则用火字旁的字；最后，在起名字的时候要考虑孩子的名字一般不能与孩子父母双方直系亲属的名字同字或者同音，否则会被认为不尊重这些亲戚。所以说取名字并不是一件省力的事，要综合各个方面的讲究来取这个名字，有时候取一个名字老人们往往要花四五个小时的时间甚至更长。调查中 60 岁的 S 老人告诉我当年他儿子的取名仪式是在本主庙举行的，老人们从中午开始就在一起为孩子取名字，但一直到太阳落山的时候，还是没能想出一个各方面都合意的名字，最后实在没办法，老人们回到 S 家继续想名字。

随男方姓的含义。X 男和妻子由于工作地离妻子家近一些，平时生活与妻子家的亲戚来往也比较多，我认为把妻子的姓放在前面，也有让她家有面子的原因。这样的选择思路同时满足了两家的需求，在我所调查的"不招不嫁"案例中，这是把孩子姓氏问题处理得比较好的案例。

图 4-1 白族传统起名仪式中的起名帖
资料来源：2013 年 2 月田野调查。

X 女和 C 男婚后生育了一个孩子，用 X 女和 C 男的姓取了两个名字，户口簿上落户的时候用的是跟着男方姓的名字。

> X 女：这个我们婚前就商量好了，这样既跟着我家姓，也跟着老公家姓，回去我家的时候我父母还有那边的亲戚朋友都叫小孩跟着我姓的这个名字，父母以后的碑文上要用这个名字，这样两边的老人家都开心。
>
> C 男的母亲：我儿媳妇是他们家中的长女，所以才"不招不嫁"，结婚之前孩子的姓的问题就已经提出来了，双方家

长都想让孩子跟着自己姓。后来我们和他们商量那就各家取一个名字给小孩，各叫各起的名字，这样既避免了起一个名字跟着谁姓，或者谁的姓放在前面的问题，也算是完成了我们两家老人的心愿。我亲家也比较通情达理，户口册上就同意落成跟着我们姓的名字。这种事情有时候还是要看双方家长，一起解决。身边因为孩子的姓两家闹得不可开交的也有不少，看到底怎么看吧！

姓氏的选择有时候与双方家长是否通情达理也有一定的关系，灵活变通的解决方式让双方在孩子姓氏的博弈中都各取所需。L 女与 C 男于 2008 年结婚，L 女是家中的长女，还有两个妹妹，C 男是家中的大儿子，结婚之前两人商定的是用两个姓，母亲的姓放在前面。2010 年 L 女产下一子，各种资料上孩子名字也是按照之前商量好的来填。L 女自己也意识到这件事情 C 男还是做出了很大的让步。

> L 女：孩子在户口册上落户的名字是我的姓放在第一，我老公是知道的，但是这件事情到现在我们都没敢告诉他的父母，等瞒不住了再说，反正没事他们也不会说要看我们的户口本，但是我觉得他们要是知道这件事情肯定会生气，毕竟我老公也是家里的长子。

为了顾及双方家长的感受，L 女及其家人在平日的生活中采取了更为灵活的方法，即根据不同的场合需要加上或者去掉 L 女的姓。

> L 女：孩子带出去别人问我孩子叫什么名字，我要照顾我老公的感受，毕竟城市里好多都是孩子跟着父亲姓嘛，于是我经常就把自己的姓省略了，那样别人也以为孩子还是跟着

父亲姓的，至于户口册上的我们知道就行。我们回凤翔村的时候会叫孩子三个字的名字，去我老公家的时候就把我的姓省去，这样大家都不会有想法。

L女根据不同的场景选择称呼孩子不同的名字，尽管只是一字之差，但一方面避免了双方家庭不必要的矛盾，另一方面从某种程度上来说也解决了家庭血脉的延续问题，每家选取自己所需的名字和叫法，同时也为双方家庭都保留了所谓的"面子"。

Z男与Y女采取的也是"不招不嫁"的婚姻形式，双方家庭在孩子姓氏问题上采取的办法是各用男方和女方家的姓给孩子取一个名字，也就是说孩子在母亲家和父亲家用不同的姓名，至于以后户口簿上用哪一个名字，则由孩子的父母来决定。尽管如此，Z男和Y女觉得这个问题依然是一个烫手的山芋，以后不管怎么选，都害怕引起其中一方家庭的不满。

我和丈夫结婚之后，婆婆也曾经和我提及这个问题，说以后生了孩子一定要跟着我丈夫姓，除此之外其他的事情都可以商量。对此我的回答是到时候再说，因为我父母的态度就是以后要给孩子取一个跟我姓的名字。我爷爷是回来归宗的，奶奶是老公去世之后再嫁给我爷爷，之后只有我父亲一个孩子，因此以前经常听爷爷说我们许家从他开始两代人都只有一个孩子，到我和弟弟家中有两个孩子，而弟弟以后是娶媳妇或"不招不嫁"都还是个未知数。作为家中的长女，又是"不招不嫁"，我觉得自己在家庭血脉的延续中有责任。我记忆中小时候和邻居发生矛盾，别人家都有三四个兄弟姐妹在背后帮忙，而我们家却只有一家三代六个人，这样的家庭在当时显得非常单薄。出于家庭的实际以及在村寨中的处境，我觉得在我这一代有"振兴"我们家的责任，因此在没有想出双方都满意的解决方式之前，我便不能给婆婆一个肯定的回答。

孩子的姓氏问题是"不招不嫁"中的核心问题，为了争孩子的姓双方家庭及当事夫妇都伤透了脑筋，但如果结婚的两人是同一个姓，这个问题就轻易解决了。我的老友①也是"不招不嫁"，由于两个人都姓李②，因此婚后孩子的姓氏问题对于他们来说就不是问题了，以后给孩子起一个名字就解决了，反正都是姓李，但现实中并不是所有人都能这么"幸运"。丈夫的同事也是为即将到来的小孩的姓氏问题而苦恼，他姓马，妻子姓王，两家人都想让孩子跟着自己姓，于是同事们给他想办法说如果实在不行，以后孩子就姓"玛"，既有王又有马，而且王在前，读音又是马的读音，对于双方家庭都很公平。为了孩子的姓双方都绞尽脑汁，可见在"不招不嫁"这种婚姻形式中孩子姓氏选择的重要性及棘手性。

不管双方家庭之间是博弈，还是协商解决，大部分"不招不嫁"的夫妇所生孩子的姓氏问题还是得到了解决，解决的方式也是多种多样。我们看到"不招不嫁"夫妇的父母要比儿女们更看重这个问题，他们不遗余力地去争取孩子的姓，最重要的原因有两个，一是不能眼看家庭断了后，二是不想在死后连香火味都闻不到。通俗一点说，争夺孩子的姓氏是为了能让自己的家庭延续下去，世代生活在祖荫之下。双方家庭在孩子姓氏选择上的博弈和协商中最后是实现双赢还是一方占优势，其背后也受到诸多因素的影响。

四 影响姓氏选择的多重因素

在和还未生育小孩的"不招不嫁"夫妇聊天时，每当被问及

---

① 老友：在大理白族地区，孩子出生之后会给孩子找一个同龄、同性别的朋友，这种关系有很大的随机性。建立老友关系的两家人之间一般不是近亲，老友关系建立之后，双方家庭在平时的生活中互帮互助，老友之间的关系也要比其他普通朋友更密切。

② 在凤翔村，有同姓不同宗的情况存在，因此同姓之间可以通婚，加之我老友的丈夫是洱源县人，两个李家相隔就更远了。

以后小孩跟着谁姓的问题，很多夫妇总是半开玩笑地对我说"到时候就看谁家强势一点了"。调查之后我认为他们所谓的谁家强势主要包括家庭经济实力、父母及当事人的态度、父母在"不招不嫁"夫妇生活中的参与程度这几个方面。

Z女和W男于2012年1月结婚，W男是高兴村人，两个姐姐都已经出嫁了，Z女是下关人，有一个妹妹也已经嫁人，于是两人只能选择"不招不嫁"这种婚姻形式。由于两人都在下关工作，平时主要在女方家生活，遇上一些节日都是优先回男方家。平时夫妻之间的关系很好，村里人觉得Z女对W男的父母也很不错。但孩子出生之后两人还是因为孩子的姓氏问题争吵了很多次，因为双方父母都只剩下一个孩子，他们都想让新生的孩子跟着自己姓，但最终孩子跟着母亲姓。由于是两边照顾，按照男方家的风俗孩子出生半个月左右就要请客，Z女的家人觉得孩子还没满月跑来跑去对大人小孩都不好，于是在W家为小孩请客的当天，Z女和孩子都没有回W家。

> W男的父亲：请客的时候儿媳妇和孙子都没有回来肯定有点尴尬，但孩子不管跟谁姓也是我的孙子，还是不希望因为这个事情影响他们夫妻之间的感情。

> Z女：生完孩子后朋友们都劝我直接回我老公家，等他们请客之后再回下关，但是我妈说孩子没有满月不能出门，那样我回去他家之后得待一个月。小孩出生不久得每天晚上给他洗澡啊，擦身子，喂奶各种事情，回去村寨中洗澡就不方便，而且我妈又不可能跟着我去照顾我，婆婆又不一定能像我妈一样，我可以让她帮我做事，最后还是回自己家让我妈照顾我，就没有跟老公回他家那边。

在这件事情上W男尽管很不情愿，但最后还是让步了。他说和妻子计划过两年再生一个孩子，到时候第二个孩子跟着自己姓，并带回老家养育。在这个案例中，W男和Z女的朋友们都觉得他俩感情很好，平时的生活也尽可能照顾到两边的父母，这是非常难得的事情。至于在孩子姓氏问题上的争执，最后总得有人做出让步。Z女家在这件事情上比较占优势的原因，我认为还有平日两人主要生活在Z女家，如果闹得太僵以后低头不见抬头见的也不好；另外Z女家经济条件要略胜一筹，包括两人买车的钱都是Z女的父母赞助的。从某种程度上来说，W男在这件事情上的妥协与自身的经济因素也有一定的关系。除了经济因素之外，当事人的态度也很重要。

X男和Y女于2010年结婚，2014年7月孩子出生。Y女怀孕的时候两人商议孩子用两个姓，第一个跟随母亲姓，父亲的姓紧随其后，然后再起一个字的名。孩子出生后Y女的父母提出孩子就跟着母亲姓，不用父亲的姓。这很快遭到了孩子父亲的反对。

> X男：（回忆当时对Y家父母的回答）"我又不是来你家上门，我把你们家的姓放在第一，不跟你们争，已经很尊重你们了，我可以让孩子跟我姓而不跟你们姓还说得通，但你直接不用我的姓就不行"。我当时的态度非常坚决，有点火了，可能"吓"到他们了，之后他们就再也没有在我面前提过这件事情，孩子的姓名也就用之前我们取的姓名。

尽管X男工作的地方离女方家很近，但他还是靠自己的收入在工作的县城买了房子和妻子单独出来居住，他认为和Y女家人住在一起难免看他们的脸色，就坚持在县城买了单元房。而在买房这件事情上，X男和Y女的父母之间也发生了一些不愉快，当时Y女的父母希望X男购买一块宅基地，那样未来升值的空间大，Y女家也刚刚盖了三层楼的新房，两人可以在新房居住。X男最终没有听从他们的建议，坚持在县城购买了居住的单元房，他觉得这是自己的钱，Y女的父母虽然不高兴，但是无权干涉他如何使用，这也是他能在孩子姓氏问题上坚持己见的重要原因之一。

传统的家庭习俗中，嫁出去的女儿生了孩子之后不管是否乐意都得回婆婆家居住。在调查中一些四五十岁的妇女还和我抱怨当初生完孩子之后在婆家的生活。

> MC 妈（54 岁）：我婆婆在村里的脾气是比较出名的，我嫁来之后很多时候都要看她的脸色，我第一个孩子是在家生的，就生孩子之后那几天婆婆还照顾我，孩子生下来一个多星期之后她就基本不管我了，我有什么事情尽量自己动手做，不敢随便劳烦婆婆，我得起来给孩子洗尿布，做些轻活。我婆婆还当着我的面经常说她们当初生孩子的时候就没怎么让人伺候，生完孩子还不是照样干活之类的一些话，我听着不舒服还不是只能把话吞回肚子里，我现在的风湿我觉得就是那时候生孩子之后没养好落下的病根，毕竟不是自己的亲妈啊！

在调查中，我发现"不招不嫁"的夫妇生完孩子之后，基本都是由女方的母亲来照顾自己的女儿和孙子/孙女，男方的母亲被排除出照顾孩子之列。这种变化我认为主要有两个原因：首先，"不招不嫁"这种婚姻形式强调双方的平等，双方父母对于"不招不嫁"的夫妇来说都是一样的，这使得母亲照顾坐月子的女儿变得"名正言顺"；其次，女性认为自己的母亲来照顾会更关心女儿，女儿在母亲面前也不会拘束，不管是心理上还是生理上都会轻松很多。因此，比起男方父母，女方的父母在"不招不嫁"且采取新居制的夫妇的生活中参与度比男方的父母要高很多，在很多事情上也就占据了主动权。

在上文中曾提到的 L 女和 C 男夫妇生活工作都在昆明，生小孩之前 L 女的父母就来昆明照顾女儿，这一照顾就是三四年。孙子即将读幼儿园时，夫妻两人平日的生活需要照顾，孩子每天需要接送,L女的父母义不容辞地承担起了这些工作。相比而言,C男的父母对儿子和儿媳妇生活的参与度就没这么高。L女的母亲认为在孩子姓氏问题上她家占了上风,与她长时间和女儿女婿生活在一起有很大关系,能在第一时间对两口子的家庭决策进行干预。

> L女的母亲:从我女儿怀孕开始我就一直和他们住在一起,女儿坐月子,还有我刚出生的孙子都是我一手照顾。他们要为新生儿落户的事情我也最先知道,那段时间我就一直在他们面前唠叨,就是强调我女儿是长女,这个孩子是我们家长孙,要跟着我家姓之类的。虽然之前说好跟我家姓,但是我怕他反悔嘛,所以我平时就有意无意地提醒我女婿。他家的父母估计也和他说过孙子的姓这个问题,但是毕竟他们又不在昆明,很多事情也没办法直接干预,再说他是男的有时候不能显得太小气,所以最后孩子落户就是用了跟着我们家姓的名字。

在调查中,问及那些"不招不嫁"但还未生育的夫妇未来孩子的姓如何选择时,一部分夫妇对此有自己的坚持,另一部分则是"走一步算一步",到时候看双方家长的博弈。

> Z女:孩子的姓婆婆没和我当面聊过,但是她私下和我老公说过这件事情,就是以后孩子一定要跟着老公姓。我父母也坚持以后孩子生了要跟着我姓。我现在都不想管这个问题了,想到就让人头疼,到时候就看双方家长争的结果吧,看哪边家长气势大就跟着哪边姓了。
>
> 我:你说的气势指的是哪方面呢?
>
> Z女:就是两边家长哪个争得厉害了,如果一方坚持不让步,一方稍微做出让步,不让步的气势就大了嘛。再说也不想因为这事情让大家都不开心,所以我和我老公都会时不时

做各自父母的思想工作，让他们在孩子的姓上能互相让个步，为七个月以后可能出现的状况做准备。①

白族传统的家庭继嗣是以父系继嗣为主，即使是上门婚也是为了实现父系的继嗣。通过上文我们更进一步清楚了为何"不招不嫁"从仪式开始就强调平等、强调两边照顾。从仪式到孩子的姓氏的争执都是相互联系的，仪式的博弈实际上也是在为婚后孩子姓氏问题的博弈打下基础。照顾两边继嗣的外在表现就是两家姓氏的延续，由于相关政策的限制，"不招不嫁"的夫妇大部分只能生育一个孩子，这个时候对于双方家庭来说孩子的姓氏选择问题变得更加复杂。为了解决孩子的姓氏问题，双方家庭之间在不断地博弈和协商，他们采取了灵活的方式来解决这个问题，比如起两个名字，或者用双姓，在不同的家庭场景中选取不同的姓，其最终目的是满足双方家庭继嗣的需要。为了能让孩子跟着自家姓，双方家庭之间可以说在进行着一场没有硝烟的战争，谁都有充分的理由认为孩子应该跟着自己家姓，但孩子最后到底跟着谁姓与众多的因素有关，在多种因素的影响下，孩子的姓氏选择变得异常复杂。

第二节　家族认同的竞争

婆婆曾经和我说起一件事情：她嫁入 Z 家之后，做事就得站在 Z 家的立场上。有一次，已经出嫁的二姑妈来借用家里的一个水桶，当时婆婆说她也要用，等她用完之后才能给二姑妈用。当时二姑妈就很伤心，怎么说她原来在这个家生活了二十年，婆婆只是嫁来的儿媳妇，怎么能这样子？为此还去她父亲那儿告状。但她没想到她自己的父亲站在我婆婆这边，认为我婆婆的做法是

---

① 2014 年 9 月，Z 女已经有三个月的身孕。

对的，二姑妈尽管原来是这个家的女儿，嫁的地方也不过离娘家几百米远，但毕竟是嫁出去的姑娘，婆婆是嫁入 Z 家的人，此后要承担 Z 家的各种家庭事务，对 Z 家的东西肯定有优先使用权。

在这里，我们看到同样是嫁出去的姑娘，在娘家的身份及夫家的角色随着出嫁发生了变化，这种身份的转变在传统的嫁娶婚中是显而易见的。通过婚姻，每个人在原来拥有身份的基础上获得新的身份，嫁出去的女儿不再属于原来的家庭，嫁入夫家的女性要努力转换自己的角色，适应夫家的生活，融入丈夫的亲属圈和社会关系，慢慢建立起自己在夫家的地位[1]。"不招不嫁"的夫妻虽同时属于双方家庭，但平时的生活一部分夫妇以一方家庭为主，大部分的夫妇由于工作原因离开双方家庭独自生活。不管是丈夫还是妻子，他们并没有像传统的婚姻形式中那样在婚后慢慢融入对方的家庭及生活，这也导致彼此对对方家庭的认同感比较弱。

一 "不招不嫁"夫妻的家庭认同

"你觉得哪些人可以算是一家人？"调查中我曾不断问人们这个看似简单的问题，有一位父亲的回答非常贴切："用一把勺子的人是最亲的。"这里的"勺"指的是盛饭时候用的饭勺，即吃一锅饭的人是最亲的。传统的嫁娶婚中，婚后妻子加入丈夫家的生活，慢慢从外人变为和丈夫家"共用一把勺"的人。"不招不嫁"中强调两人在双方家庭享有共同的位置，一切都强调"平等"，夫妇两人既和女方父母共用一把勺，也要和男方父母共用一把勺，有着双重的家庭归属。

> Z 男：每次回去老婆家，我觉得自己像个客人，她父母什么活都不让我干，我也不知道能做啥。尤其是他们之间用白

---

[1] 那些招上门女婿的女子可以继续生活在自己的出生家庭，男子则离开原来的亲属集团加入女方的亲属集团。

语交谈的时候，我又听不太懂，有时候还在想会不会是在说我的坏话（笑），总之就是觉得自己像"外人"。①

X女、W男也是"不招不嫁"，W男家在上龙门村②，两人原来都在炼铁乡③工作。2014年初，W男调到凤翔村工作，工作地离X女家很近，在X女家也有新房，但是W男平时很少回老婆家住，大部分的时间他还是住在单位的宿舍。

> W男：我媳妇不在，我一个人回她家，感觉她父母会不自在，我也不自在，所以我大部分时间住在单位宿舍，我媳妇回来或者有事情的时候我才回她家。
>
> X女：我老公家一般都是我们两人都在的时候一起回去，平时我一个人基本不去我老公家，虽然是两边都有家，但还是觉得一个人去他家怪怪的。

"不招不嫁"的夫妇很多在外工作，平时回家的时间比较少，据我的观察，在县城工作的夫妇能保证一个月回一次到两次各自的父母家，而稍远的在昆明工作的夫妇，一年也就回家两次到五次不等，加起来的时间一个月都不到。"不招不嫁"强调双方都平等，两边都是家，但由于工作的关系及居住方式的改变，不管是男方还是女方都没有充分融入对方家庭。"不招不嫁"的夫妇除了将自己和对方视为一个小家庭之外，对自己的定位很多时候依然是属于原来的家庭，当另一半不在的时候基本是各回各家。

> X女：老公上班，我一个人休假的时候我也会去婆婆家，但是更多的时候选择回我父母那边。我在自己家懒一点，说

---

① Z男是白族，但由于从小在县城长大，只能听得懂很少几句白语。
② 离凤翔村10公里左右。
③ 另外一个白族乡镇，距离凤翔村50多公里。

错话了也没关系，父母不会说什么，但去婆婆家就得注意这些问题，我性格大大咧咧的，我妈总是叮嘱我在婆婆家不能这样子，要注意形象。

L女：我回我父母家，有时候工作太累，我父母连碗都不让我洗，我再懒也是他们的女儿，去老公家我表现得就不一样，虽然婆婆也不让我干这些事情，但一是在婆婆面前不能太懒，反正我一个月也就回去一两次，也就洗那么几次碗；二是在村子里你的一举一动有时候村里人还是看在眼里的，所以我还是干些力所能及的事情，我老公都觉得我在他家的时候比在我家勤快（笑）。

就我自己而言，在结婚之前，两个寒暑假的田野调查结束之后，我都是回自己家。结婚之后如果我的假期和老公的假期相重合，我们就平均分配待在他家和我家的时间，如果老公不在，大部分的时候我依然会选择待在自己家。后来觉得这样做似乎也不太好，因为婆婆的身体又不太好，结婚之后我怎么也算是人家的儿媳妇，总不能对婆婆不闻不问，于是就选择在他家和我家之间两边跑，每个假期调查之外的时间不是在他家，就是在去我家的路上，但总体而言我待在自己家的时间要更多一些。"不招不嫁"婚后女方并不需要完全加入男方的家庭，这对于女方来说拥有更多自由的空间，居住方式的改变是其中一个原因，但更为重要的是女方的父母、亲属及女方自身都认同女方并未离开原来的家庭，这种他人的认同和自身的认同改变了"嫁出去的女儿泼出去的水"这样一种情况。对于女方来说，这种身份的定位非常重要，有时候也避免了传统婆媳之间的很多矛盾。

C女：两边照顾，我觉得可以避免很多矛盾，尤其是和婆婆之间。我在我父母那边住的时候，婆婆会经常打电话给我，还问什么时候回来（回婆婆家），回婆婆家那边住的时候我们相互之间也很客气，我们之间既没有人家说的婆婆和媳妇之间那种仇人似的感觉，当然肯定也不会有我和我妈之间那种亲密。我觉得这种距离刚刚好，谁也不用看谁的脸色，大家相安无事。

L女：我大嫂（这里是指L女老公哥哥的媳妇）总是感叹说我太幸福了，离家近可以经常回我自己家。她娘家在曲靖，有了孩子之后每年就回一两次娘家，才去几天婆婆就打电话催什么时候回来，我嫂子虽说对此颇有微词但也没办法。其实我觉得距离远近并不是问题，最主要的我们是"不招不嫁"，这个定位很重要，这样两边都是家，我在我家住多久我婆婆也不能说什么，如果是出嫁的女儿我觉得就有点不一样了，不仅婆婆说你有理，有时候在自己家住太久村里的人会猜是不是和婆家人吵架了。

传统嫁娶婚及家庭结构中，男子自始至终都是生活在原来的亲属圈，更多需要嫁入的妻子来做出改变和适应。"不招不嫁"没有让丈夫脱离原来的社会及亲属网络，但增加了加入妻子的家庭和社会网络这一"任务"，"不招不嫁"的男子在努力适应这一转变，尽可能融入妻子的家庭，但就目前来说，这对他们依然是个艰巨的"任务"；对于妻子来说，她当然也需要加入丈夫的家庭，但无须完全转换自己的身份加入婆家，她有更多的选择，婆婆亦明白儿媳妇不完全从属于她家，婆媳之间保持一种"安全距离"，避免婆媳之间的紧张关系。

二 双方家庭中的"在场"

尽管"不招不嫁"的夫妇对原来的家庭有着更强的归属感，但毕竟结婚之后他们有了双重的归属，即在自己家以及在妻子/丈夫家的归属，双方父母在平日的生活中都极力突出家中新增加的这一成员。"不招不嫁"强调照顾双方家庭，其中就包括每逢过节在家庭中的在场，这是彰显其身份的重要场合，但由于要顾及两边的家庭,逢年过节变成了很多"不招不嫁"夫妻的"负担",去哪家过节是让他们很头疼的问题。

> Z女:我老公家和我家隔得比较远,结婚一年以来我们过节都是这次去他家(红河),下次就去我家。今年(2014年)过年的时候先是去他家过的年三十,初四的时候回我家陪我父母。我们的原则就是每年更替着来,明年过年就先去我家,后去他家。
>
> X女:我和我老公家离得近,就二十五分钟的车程,一般像火把节这种小型的节日就随便在哪家过都行。今年(2014年)七月半的时候我们各回各家过,但是春节就得照顾两边老人的感受,而且在别人面前也得出双入对,所以春节就只能两边跑。今年春节我老公他哥哥他们回他媳妇家①,家里就两个老人孤孤单单的,我家还有弟弟在陪着父母,我们年三十就在婆婆家过,这里的风俗初一都不动车(即开车出行),所以初二我们才回我家。之后的几天我们都是两边跑,还好隔得不远,不然会很累。

去哪里过节是让每一对"不招不嫁"的夫妇都很纠结的问题,有的父母能理解子女的处境,也不会太在意这个问题,但是作为子女又要尽可能地照顾双方父母的感情,且对于"不招不嫁"的夫妇来说,节日时在家庭中的出场也是照顾两边的重要方面。于是每逢节日就出现"不是在去她家的路上就是在去我家的路上"这样的情况,用L男的话说"过节就是一直在路上的感觉"。我和丈夫相比很多"不招不嫁"的夫妇来说要幸运得多,由于我们两家相隔30分钟的车程,因此穿梭于两家之间也比较便利。我们在

---

① X女老公的哥哥娶了石林的媳妇,两家相隔较远,当年生了小孩之后也没回娘家,于是选择在春节回娘家。

老公家办完最后一场婚礼的时候离春节还有三天，于是2014年的大年三十和初一就在老公家，初二回我家按照家乡的风俗到亲戚朋友家拜年。2015年春节老公主动提出来大年三十和初一在我家，初二早上吃过早餐之后去他家。

"不招不嫁"这种婚姻形式中，子女同时属于两个家庭，也就是说两家的家庭事务他们都有发言权。尤其是要突出子女配偶一方在家庭中的地位，使他/她有一种归属感，因此，父母在家庭中强调自己子女的在场很重要。对于"不招不嫁"这种婚姻形式中新加入的家庭成员来说，这是融入对方家庭的重要方式，同时也是窥探对方家庭是否视自己为"吃一锅饭"的人的途径之一。在日常生活中，大到家庭中盖房子，小到村落中卫生费①的收取，家长都会强调子女是这个家庭中的重要一分子。

村寨中每半年或者一年收取一次卫生费，卫生费按照人头收取，每人5元，多则10元。调查期间刚好遇上村民代表收取卫生费，当时我在S家访谈，他女儿是"不招不嫁"，男方是河北的，两人结婚之后工作也在河北，平时都是一年回来一次到两次。S家还有一个儿子未婚，即家中一共还有三个人生活在本村，交卫生费的时候他交了25元。当时收费员说他女儿女婿经常不在家，交三个人的就可以了，但是S认为女儿是"不招不嫁"，女婿也算是家庭中的一员，他们一家人是五口之家，即使他们一年回来一次也要把他们算上。除此之外，S还告诉我家中每年去本主庙"送平安字"②的时候，"祝文"中也会把女儿和女婿的名字写上，即使他们不在这个村寨生活，但他们依然是这个家庭以及村寨的一

---

① 用于清理垃圾、公共厕所清洁，政府拨款一部分，剩余的由村民自行筹资。

② "送平安字"，即去本主庙上香祭拜的仪式，包括"生祭"和"熟祭"，每家每年都要去一次本主庙举行这样的仪式，祈求本主的庇护。在"熟祭"的过程中，还要向本主念送"祝文"，"祝文"中涉及本主的名号、祭祀的时间、祭祀家庭在村寨中的位置、家庭成员以及祈福的内容几个部分，主要祈求本主保佑读书人建功立业、做生意的生意兴隆、家中的成员身体健康、六畜兴旺等内容。

员，因此即使他们远在河北，他们仍然会得到凤翔村本主的庇佑。

白族家庭中，尽管父权制普遍存在，但是家中遇上盖房子、买房子这样的大事，一般也会与妻子商量，并非完全由家中的男性家长说了算，且正如第二章中所提到的，白族社会中妇女在家庭和村落事务中都起着越来越重要的作用。子女成家之后，家庭中的父亲不仅要和妻子商量，还要和子女商议。X 女和 Z 男婚后居住在昆明，Z 男家在洱源县城，X 女家在凤翔村，2014 年 7 月两人回家探亲时，双方家长就新建家中的房子向两人征求意见。据我之前的调查，其实两家盖房子这件事情父母已经基本决定，但是一直未动工，父母认为这是家庭中的一件大事，还是应该一家人坐在一起商量决定。

> X 女：父母盖房子这件事情，其实我们还是很支持的，他们辛苦一辈子，其实盖房子也是为了我们以后回去还有一个家，他们不盖以后我们有能力也是要去盖的，总不能让老房子倒了。现在盖房子不管是金钱还是人力，主要都是靠我父母，我们都是刚刚上班，虽然在经济上能支持一点，但毕竟不多。老公家也准备盖房子，也是等着我们这次回来商量具体的一些事情，我就跟老公说他们家决定怎么盖就怎么盖，我都没意见。这种征求意见虽说没有什么实际作用，但至少说明双方家长还是想到我们了。

X 女和 Z 男在昆明买房的钱是由 Z 男父母资助的，当时两人还未结婚，房产证上写的也是 Z 男的名字，因此 Z 男家在盖房子这件事情上并不期望他们的经济支持，也暂时不需要。但"不招不嫁"的他们是属于双方家庭的成员，对于家庭中的重大事务都有发言权，尤其是对于新加入的家庭成员来说，这种发言权与存在感和归属感密切相关。父母在家庭事务中极力强调子女及其配偶的在场以及在家庭中的权利,至于是否行使这个权利就是子女的事情了。在调查中我遇到的"不招不嫁"夫妇为了避免一些家庭矛盾,在对方家庭事务的决策上拒绝发表看法。我和我老公在这些问题上的处理方式与很多"不招不嫁"的夫妇很相似,老公经常以"不太懂村子里的礼俗"作为不发表具体意见的理由,而在他家很多事情我的回答是"他(我老公)做决定就行",但如果是在我和丈夫下关的家中,有什么事我们俩都会互相商量,总之我们都是根据不同的场合选择是否表态及如何表态。

> W男:我去我老婆家的时候,日常生活就像一家人,我在她家感觉也很自在,有什么就说什么。但是他们家要是有什么大事需要听我的建议的话,除非我十分有把握,否则大多数时候我都是保持沉默,或者就是说些台面上的话,主要还是由他们拍板,免得日后引起不必要的家庭矛盾或者"怪罪"到我头上。

"'家庭'对社会来说,是一种客观存在;但是对个体来说,'家庭'更是存在于个体意识中的一种认同。"[①]"不招不嫁"中男子和女子对于原本家庭的事务有发言权,对对方家的事情也有发表意见的权利,这种发言权都是名正言顺的。调查过程中我发现大部分夫妇对于原本所属家庭的事务都会尽可能地发表自己的意见,做出自己的判断和选择,而对于对方家庭的事务,他/她并没有切实去行使这种"权利",而是选择一种近乎沉默的做法,彼此在对方家庭中的"在场"其实是被动的。我认为根本的原因是在个体意识中对对方的家庭认同感较弱,并没有把自己完全归属为对方家庭的一员。

---

① 沈奕斐:《个体化视角下的城市家庭认同变迁和女性崛起》,《学海》2013年第2期。

三 从家庭认同到家族认同的困境

白族乡村社会中亲属之间的联系非常密切，尤其是在村内通婚普遍存在的情况下，整个村寨可以算是一个"亲戚社会"。每一个嫁入夫家的女子不仅要学会认清男方家的亲戚有哪些、是什么性质的亲属和夫家亲属的源流，还要慢慢了解丈夫家已故的亲属。因此在村寨中调查，40 岁以上的人不管男女都能讲述自己家的亲属关系网络，对同辈人和邻居家的亲属关系网络也略知一二。

随着白族村寨的通婚圈扩大，加上年轻人离乡离土的生活方式，传统的"亲戚社会"难以为继。在调查中当我问 20 岁到 30 岁这个阶段的年轻人是否知道自己家的"历史"时，大部分年轻人最多能说出自己家两代到三代的亲属关系，对于自己妻子/丈夫家的亲属关系则了解更少。

> 我问：你熟悉你丈夫/妻子家的亲戚吗？
>
> X 女：我还行，他父亲的兄弟姐妹都分得清，他妈妈那边的兄弟姐妹我也都知道，其他的比如他父亲的朋友啊、母亲的朋友这些我就不清楚了。
>
> Z 女：说实话，我连我爸这边有几兄弟我都没搞清楚①，只是知道我爸是最小的一个，我老公家他爸爸是家里的老二，其他的我真的搞不清楚。
>
> L 女：我父亲有 4 个兄弟姐妹，他排行老四，我老公他父亲有 8 个兄弟姐妹，他父亲排行老六，因为工作的关系住在老公家的时间比较多，他父亲的兄弟姐妹也住得近，所以我对他们家的亲戚关系还算比较清楚。

---

① 这是在调查中我遇到的出乎意料的回答，访谈中一开始我以为她没有明白我的问题，但是当我再次向她确定时，她回答确实不清楚父亲这边到底有几个兄弟姐妹。

Z男：不太熟悉，我们每次回去的时间也很有限，感觉村子里到处都是亲戚，搞不清到底哪里是亲戚。一般媳妇让我叫什么我就叫什么，反正我也记不住那么多。

L男：我最多记得住她爸爸的几个兄弟姐妹，以及她妈妈的兄弟姐妹，但是具体的名字就不是很清楚了，还有对她弟弟的情况比较熟悉，回去的时候经常见的也就这么几个人。

通过这些回答发现两个问题，首先，不管男女，大家首先回答的都是自己父亲或者对方父亲有几个兄弟姐妹，以及父亲这边的亲属关系，对于母亲这边的亲属关系提到的比较少；其次，"不招不嫁"的夫妻双方对对方的亲属关系都是一种模糊的认识，同样，男方和女方的亲属对新加入的"新郎"或"新娘"的认识也是模糊不清。在调查中，我曾经问及"不招不嫁"这些人的长辈，主要是父母的兄弟姐妹是否熟悉家中新加入的成员，两人是同一村寨的话长辈们还是非常熟悉双方的情况，而如果对方是本村之外的人，他们很多只是知道他/她大概是哪里人、叫什么名字，至于具体在哪里上班、做什么工作，长辈并不清楚，更不用说熟悉对方家庭的亲属关系了。

传统嫁娶婚中妻子要完全加入对方的亲属集团，因此嫁入夫家之后她必须尽快了解夫家的亲属网络，方便婚后的生活及可能面临的问题。加上生计方式以农业为主，以及对土地的依赖，血缘和地缘在大部分的家庭中是相互重合的。"不招不嫁"的这部分人尽管都把自己视为属于两个家庭的人，但在内心深处他们对自己的定位，一种是将自己归于与配偶建立的小家庭中的一员，另一种是依然属于原来的家庭，对于配偶的家庭则没有很强的归属感。因此总的来说，"不招不嫁"夫妻双方对于彼此家庭的亲属关系网络是比较陌生的，这与他们在远离亲属圈的地方工作和生活的实际情况有很大关系。他们的生活方式与父辈有着很大的差异，日常生活中他们对于亲属圈的依赖在日渐减弱，因此对于自己家庭以及对方家庭的认同自然也就逐渐减弱。尤其是 20 世纪 80 年代之后出生的这一代人，他们的生活观念有时候更注重的是个体，类似于阎云翔所说的"个体化"，家族对于他们来说显得太过"庞大"，种种原因使得"不招不嫁"夫妇出现了家庭及家族认同的困境①。

四 村落生活中的"被在场"

乡土社会中，地缘和血缘很大程度上是重合的，整个社会环环相扣。嫁入夫家的媳妇/上门的女婿通过婚后参与村落的各种活动，慢慢融入当地的日常生活，在这个过程中新的身份得到人们的认可，这个过程也贯穿媳妇或女婿的一生。以凤翔村的"妈妈会"为例，整个凤翔村每一个充都有妈妈会，各个充的妈妈会统称为"莲池会"，平时在主要的节日一起参与祭祀活动，内部还是按照具体的充来划分。有意思的是这些老年妇女很多是从一个充嫁到另外一个充，比如 L 老人是由官路充嫁到石充，她参与的是石充的妈妈会，平日的活动要跟着石充的妈妈会。每个充的妈妈会中很大一部分成员是从其他充嫁来的媳妇，她们认同与参与的是婚后所属地的妈妈会，通过类似的一些活动，在新的社区中建立其新的身份，不出意外这个身份会伴随老人的一生，这也是"莲池会"内部分门别类的重要依据。而对于"不招不嫁"的夫妇来说，婚后都有着双重的身份归属，他们也不需要完全加入对方生活的村寨，而这个时候如何彰显他们是村寨的一员成为很多父母要解决的问题。

我调查的凤翔村"不招不嫁"的案例中，只有一对夫妻在本村经营小生意而生活在本村，其余的要么一方、要么双方都是在

---

① 家族认同的困境在白族乡村中目前普遍存在。在凤翔村，为了让家族中的成员了解家族的历史，家族中的长者出面修订家谱，像李姓、赵姓等一些家族在整理之后将家谱印刷出来发给家族成员。

外工作、打工，近的在洱源县城或其他乡镇，远的在下关、昆明、广州、深圳等地。尽管他们还是家庭及村落的一分子，但是他们的日常生活已经脱离了村落，还在村寨中生活的父母，在平日的生活中则尽可能地向同村落的其他村民强调自己的子女在这个村落中的"在场"，尤其是为了彰显家庭中的新成员及其身份，父母尽可能在村落的一切公共活动中向村民表明"不招不嫁"夫妇的在场。

本主节是白族最重要的节日之一，凤翔村的本主节是在每年农历的二月初一开始，当年结婚的男子在这期间要去本主庙迎接本主。村民将本主从本主庙接到村寨中巡游，在各个充停留一到两天不等，家家户户都前来祭拜，一直到二月十二日再将本主送回本主庙。本主节前两个星期，各个充莲池会的负责人通知当年结婚的新郎去接本主。"不招不嫁"这种婚姻形式出现之前，由当年娶媳妇和招女婿的人家去接，一般都是新郎去接本主，嫁女儿的人家则不用去接。

2014 年 2 月 15 日（农历一月十六日）开始，离本主节还有半个月左右的时间，各个充的人开始通知当年结婚的家庭到时候让新郎去接本主。在这个过程中，组织者也通知了"不招不嫁"的那些人家。

> 组织者 L 老人：我们之前都有个简单的统计，看看本村（充）今年哪些人结婚，嫁女儿的就不通知了，但是"不招不嫁"的还是要通知，他们也算是这个充的成员，要是不通知，他们的父母会生气。

凤翔村本主节是在农历的二月，阳历算起来已经是 3 月，这个时候很多年轻人包括当年结婚的新郎们早已经离开凤翔村，回到各自的岗位上工作了。本村的新郎即使很想参加这样的活动，但由于工作的原因他们并不能等到本主节的到来，而那些来自外地的新郎对此没有多大的兴趣。这使得本来应该去接本主的新郎团最后基本变成了人们戏称的"老郎团"，即新郎或者新娘的父亲代替参与这个活动，那些家中父亲上了年纪不能去参加接本主的，每家出一百块钱作为功德，也算是不去参与这个活动的补偿。2014 年的本主节，我看到接本主的一半以上是 50 岁以上的男子，他们大部分是代替自家的儿子或女婿接本主。

> L 女父亲：我家女儿"不招不嫁"，他们都在下关上班，本主节的时候有事情回不来，我也还抬得动，所以我就去代替女婿接本主和送本主了。本主节的时候我和村里其他人抬着最老的那尊本主①在村子里游了一圈呢！（很自豪的语气）

图 4 - 2　本主节老父亲们代替成婚　　图 4 - 3　当年结婚的年轻人抬本主
　　　　　子女去抬本主

资料来源：2012 年 3 月田野调查。

2014 年的本主节，先是由石充和官路当年结婚的男子去接本主，两个充当年结婚的有 16 户左右，其中"不招不嫁"的有 6 户。我结婚之后三个月就到本主节，刚好老公本主节期间要上班，且他也不太清楚这边接本主的礼俗，于是我的父亲代替他在本主节期间去本主庙迎本主。年轻人在传统节日中的缺场似乎已经成

---

① 凤翔村只有一位本主，但是有三尊造像，当地人按照造像的时间顺序来区别三尊造像。

为一种常态，父母往往代替子女，以强调自己子女是村寨中的一员，尤其是女儿"不招不嫁"的家庭更需要在各种场合突出女儿并未出嫁的事实。在日常生活中，"被在场"的不只是在外工作的子女，还有在外出生的孙子/孙女。

凤翔村一年一度的火把节是每年农历的六月二十五日，如果村里有人在上年火把节之后到这年火把节前这段时间娶媳妇，那么在火把节这天新郎要负责到山上砍一棵松树来做火把[①]。如果当年家中有人生了小孩，就要在火把节这天拿出来一些食物给大家，生男孩的话要拿出来大盘的糖果、一瓶酒以及几包烟；生了女孩的要拿出来大盘的炒蚕豆、几包烟。这在当地已经约定俗成，即使是家里的儿女在外工作，父母也同样会履行这些义务。

L女是"不招不嫁"，由于家中男子都外出工作，火把节这天L女的母亲出了一百块钱，请了一位村民与当年结婚的人去砍松树来做他们所在生产队的火把[②]，我看了几个生产队去砍松树要么是父亲代替，要么就是像L女的母亲一样出钱请人代替。作为这个村寨中的一员，他们遵守着一直延续下来的风俗，尽应尽的义务，以此来表示自己是村寨的一员。火把节当天晚上，X女的父母亲拿出酒、糖果等分给大家，X女也是"不招不嫁"，由于可以生育两个孩子，第一个孩子跟着夫家姓，第二个孩子跟着女方姓，火把节的时候第二个孩子已经出生九个月。当天晚上，我参加了好几个生产队火把节庆祝活动，参加火把节的都是以中老年人为主，还有正在放暑假的中小学生，以及部分大学生，很多父母代替生孩子的子女在火把下给人们发糖果、蚕豆。子女们常年在外工作和生活，谁家生了孩子村里人也不知道，但父母们通过这样的方

①　凤翔村除了充的划分之外，每个充内部现在依然按照20世纪80年代之前的生产队来划分，火把节的时候也是如此，每个生产队做一个火把；嫁女儿的人家不需要参与砍松树这件事情。
②　当年结婚的人家要负责砍松树，由于L家的女儿是"不招不嫁"，因此需要参与砍松树。在凤翔村，每年火把节都是按照原来的生产队来划分，每个生产队做一个火把。

式告诉村寨中的人家里又添了一个孙子或孙女。尤其是"不招不嫁"的女方父母，在这种场合下更要突出自己的子女及孙子或孙女仍然属于这个家庭、这个村的事实。

第三节　离婚：从"正和博弈"走向"负和博弈"

尽管在"不招不嫁"这种婚姻形式中，彼此对对方家庭并没有很强的认同感，但由于很多夫妻平时都是在外工作，因此对于他们来说这并不能直接影响到夫妻之间的关系。部分"不招不嫁"的夫妇尽管婚前说好要照顾双方的家庭，但婚后的生活中却往往忘记了婚前的承诺，一些"不招不嫁"的夫妇由于无法处理婚后面临的一些家庭问题，他们的婚姻最终走向破裂。双方由婚前的"正和博弈"走向"负和博弈"，这场博弈的最终结果是两败俱伤。

一　家庭归属感的缺失

"不招不嫁"强调夫妻属于两个家庭，但是在现实生活中，这种强调使得夫妻的归属感出现了一种摇摆，各自仍然把自己归属于原来的家庭而未能充分融入对方的家庭和亲属圈，有的人能够克服这样的情况，而有的则由于无法适应这种情况，最终影响到夫妻之间的关系。

C男和L女①是"不招不嫁"，两家相隔比较近，但都为他们准备了新房，两人工作的地方离男方家更近一些，平时为了工作方便住在男方家的时候比较多，婚前商议为了照顾两边的父母，过节的时候就轮流陪两边的父母。婚后男方也履行之前的约定，火把节在男方过，中秋节就去女方家。但是每次回女方家过节，

---

① L女的姐姐已经嫁人，家中还剩下她一个孩子，C男是家中的独生子，只能选择"两边照顾"。

C男吃完饭之后都要回自己家住，除了在女方家举办婚礼当天外从未在L女家过夜，L女多次和C男谈过这件事情，希望他能照顾女方父母的感受。L女从好言好语到争吵，就是极力说服她老公在她家过节的时候能住下来，但男方坚决不住，于是每到过节双方就因此而闹得很不愉快。L女终于在婚后两年（2012年）无法忍受丈夫的这种做法与丈夫大吵一架之后回到自己家。在此期间，男方不断请人去劝说其妻子，C男也答应以后回女方家过节会在女方家住下来，L女也就原谅了他，重归于好。但和好后去女方家过火把节C男并没有履行诺言，依然不留在女方家过夜，很多次的争吵之后，2014年3月，两人以离婚告终。

> L女：每次在我家过节，吃完饭他就回他自己家，我们是"不招不嫁"，他这样做别人会怎么想，是不是我们没地方住？尤其是我父母很不好受，还在想是不是他们哪里得罪他了。我父母现在就剩我一个女儿，我要照顾他们的感受，我也不想看着他们每次过节都以难过收场。他这样做既伤了我，也伤害了我的父母，我们平时的生活大部分时间都在他家，他反过来应该考虑下我和我父母的感受吧！

对于这件事情村里有人背后议论认为是C男嫌弃L女家条件不好，所以不愿意住。我也去过L女家，她家是白族传统民居，虽说是老房子但是也才装修过，为两人准备的卧房家具都是新买的，家中除了L女的父母之外没有其他人，这样的条件在我看来并不算差。由于无法联系到C男，C男的一个表弟大概和我说了其中的一些原因。

> C男表弟：他们俩其实也没什么大的矛盾，我表哥性格比较内向，他和我说过他住在媳妇家总觉得哪里不对，所以他每次下定决心之后最后还是选择回他家。我有一次还和他开

玩笑说是不是心理有问题，其实我感觉他可能是怕别人认为他是上门女婿吧。

目前我无法得知 C 男不在 L 女家住的真正原因，但根据我的调查认为家庭条件并不是主要原因，更重要的是男子受传统观念的影响及对女方家庭归属感的缺失。这种归属感的缺失存在于很多"不招不嫁"的夫妻中，加上中国传统的父权观念的影响，C 男做出这样的举动也并不奇怪。

二 家庭成员之间信任的破裂

结婚之后夫妻双方就是一家人，成为"共用一把勺"的一家人，也就是从爱情到亲情的转化，按理来说，家庭成员之间应该相互信任才对。"不招不嫁"中双方本来对彼此家庭的认同感就较弱，加上婚后孩子姓氏问题的争议，家人间的关系变得岌岌可危，尤其是新加入的成员与原本家庭成员之间的关系显得极其微妙。

C 男来自宾川县，家里的独生子，L 女是凤仪①人，两人也是"不招不嫁"，婚前商议的是第一个孩子不管是男孩还是女孩都跟着男方姓，第二个孩子跟着女方姓②。由于 C 男在凤仪工作，因此两人平时主要住在女方家。2014 年 1 月，L 女生了一个男孩，孩子在医院出生之后所有的信息都是填写了事先取好的跟着男方姓的名字，但是出院回家之后，女方及其家长在没有征得男方同意的情况下，落户的时候悄悄把取好的名字改成女方的姓，名倒是没有改。C 男在孩子落户二十多天后从媳妇的口中知道这件事情，对此 C 男非常生气，当天就拿了简单的衣物搬出女方家，住进了

---

① 隶属于大理州大理市凤仪镇。
② 两人户口都属于农村户口，且不是事业单位或公务员编制的工作人员，且有一方是独生子女，因此可以生育两个孩子。

公司的宿舍。尽管 L 女及其父母也向 C 男表示了这件事情他们做得不妥，但 C 男认为这是他们蓄谋已久的事情，更何况户口簿上孩子已经是跟着女方姓了。

> C 男：她家在这件事情上既不讲信用，也极不尊重我的存在，我有一种受骗的感觉。我也是家里的儿子，他们这么做只是从他们家的角度考虑问题，我又不是她家的上门女婿，他们这么做完全无视我，无视我的父母（很生气）。

L 女在这件事情上也是两边为难，尽管她自始至终也知道这件事情，但最后还是更多偏向自己所在的家庭。

> L 女：我也知道这样做不太对，父母从开始有这个想法到最后孩子落户我都知道，一边是丈夫，一边是父母，我也不知道该怎么办，所以最后我就不管了，父母怎么办就怎么办了，但现在事情的结果比我当初想象的要严重！（无奈的语气）

L 女家在为孩子摆满月酒的时候，也通知了 C 男，但 C 男及亲戚自始至终都没有出现在满月酒上。我从最近一次（2014 年 7 月）和 C 男的联系得知他还未搬回女方家，L 女家就此事也一直没有给他一个满意的答复，他正打算和 L 女离婚。

不管是因为不适应对方的生活还是因为孩子的姓氏问题，一旦引起离婚就宣布了之前所有的努力都归于零。从最初的婚礼的博弈到最终离婚，双方家庭之间的博弈从未停止过，但这种博弈最后还是以失败告终，双方家庭没有任何一方从中获得自己原本想得到的结果，双方在这场博弈中最后都成了"失败者"，更多的是给双方家庭带来经济上的损失以及情感上的伤害。

"在父系制的象征秩序中，女性的一生都处于从'娘家人'向

'婆家人'过渡的'阈限'状态"①。"不招不嫁"这种婚姻形式强调双方家庭的平等，且居住方式的改变为此提供了条件，女性无须完全加入丈夫的亲属集团，丈夫和妻子都要去接纳和熟悉对方的亲属网络。"不招不嫁"强调两边都属于，结婚双方并没有充分融入对方家庭及亲属关系，各自认同于自己原来的家庭及与对方建立的小家庭。在这样的背景下，白族传统的"亲戚社会"出现了断裂，婚姻的缔结并没有真正扩展两个家庭的亲属关系，更多的只是结婚的两个人的联合。家中的父母为了强调儿女"不招不嫁"的性质，在村寨中尽可能抓住一切机会向他人展示儿女及其配偶、他们所生的孩子依然是家庭中的成员、村寨中的一分子。尽管如此，由于部分"不招不嫁"的夫妇在婚后无法在某些事情上达成共识，出现离婚的现象。

① 李霞：《娘家与婆家——华北农村妇女的生活空间和后台权力》，社会科学文献出版社，2010，第223页。

结语　婚姻家庭的"变"与传统文化的"不变"

我所调查的以凤翔村为例的大理地区的白族很多家庭在家中还有两个孩子的情况下，却要选择"不招不嫁"这种婚姻形式，其中最重要的原因就是为了保证家庭的祖荫能延续下去。当代城市社会中独生子女越来越多，在调查中我也关注了城市中部分独生子女的婚姻状况，即使是家中的独生子女，依然遵循着男娶女嫁的婚姻形式，可以继承双方父母的财产，负责双方父母年老之后的养老问题，婚后孩子跟着男方姓①。在财产继承和赡养父母问题上两人在双方家庭的权利和义务是等同的，但是家庭继嗣依然是以父系继嗣为主，这也就意味着女方的血脉从出嫁的女儿开始便无法再一代代延续下去，女方家庭将出现后继无人的情况，对此大多数的家长认为这是没有办法的事情。在许烺光笔下，喜洲地区的婚姻、家庭、继嗣等与汉族几乎无异，甚至他认为民家是"比汉民族更加汉化"的社会。而就现在来说，我所看到的汉族社会的家庭继嗣观念在不断弱化，部分家庭在面临"无后"的情况时也只能无奈地接受。通过"不招不嫁"这种婚姻形式，我们可以看到大理白族的婚姻家庭在现代化背景下其实也发生了很大的变化，家庭的实用功能在不断减弱，而家庭的象征意义却不断增

---

① 我对生活在昆明的几对汉族夫妻的调查显示，在双方都是独生子女的情况下，婚礼依然是按照"男娶女嫁"的方式进行，婚后的孩子都是跟着男方姓，只是夫妻以后要承担起双方父母的养老问题，双方父母的房产等也归独生子女夫妻所有。

强，祖荫在现代性的冲击下依然在白族社会有着坚实的地位。

一　家庭的变迁：实用功能弱化

传统社会中，家庭是生产和生活的基本单位，经济功能、赡养功能以及继嗣功能是家庭比较重要的功能。除了继嗣功能之外，家庭的赡养和经济功能的实用性都非常强，家庭对外是一个利益和经济的共同体，尤其是在以农业生产为主的社会中，家庭成员之间的合作是生产得以顺利进行的必要条件。生计方式的改变、家庭结构的变化、离土离乡的生活方式使得很多人脱离了乡土社会，多样化的生计方式使得人们对家庭协作的依赖越来越弱，传统的业缘和地缘重合的情况发生了彻底的改变。

家庭财产是子女获得财产的重要来源，传统社会中这种继替权利几乎成了儿子的特权，当然，继替的也是来自父系的财产。人类的抚育虽然是双系的，但是亲属体系却是单系偏重，双系的继替被认为是难以实现的。费孝通认为这一方面是由于社会地位不可分割，另一方面是因为双方都继承财产，大多数时候难以合二为一①，正如他所说的，"若父亲手上得到的是半个皇帝，母亲手上又得到半个臣子，加起来什么都不是了"②。如果到下一代继续这样分，那么这种继替将从二分之一到四分之一，财产会变得越来越零碎而不实用，在以农业为主导的乡土社会中这样的分割对于每个家庭来说都会产生致命的影响。但就目前我所调查的"不招不嫁"的情况而言，双系继替有实现的可能。随着生计方式的改变，一方面大部分"不招不嫁"夫妇的工作和生活都离开了原来成长的乡土社会，而他们所面临的实际情况是只能生育一个孩子，财产的分割基本不会出现越分越零碎的情况，尤其是在家

---

① 如他所说的，在妻子家得到半个宅子，在丈夫家也得到半个宅子，实际上造成很多的不方便。
② 费孝通：《乡土中国》，商务印书馆，2011，第295页。

中孩子以1—2个为主的情况下，家庭的财产不仅不会出现越分越散的情况，相反双系的财产最后都会集中于"不招不嫁"夫妇的下一代手中；另一方面，在"不招不嫁"的家庭，父母大都以农业生产为主，家中最重要的财产就是耕地以及所住的房屋，而对于在外工作的子女来说，这些远在老家的耕地及住房对他们并没有太大的意义，因此婚后很多家庭并未分家。

就赡养父母的问题而言，"不招不嫁"中的女方也承担起了这个责任。尽管"不招不嫁"的家庭总在强调婚后要"两边照顾"，双方父母的养老问题也是"两边照顾"的内容，但根据我目前的调查，没有哪家的父母规定儿女每个月要给他们多少钱。尤其近年来随着国家对农村及农业的大力扶持，很多留在农村的父母认为在未来十年左右的时间里他们还能够自力更生，真正需要子女的照顾也是之后的事情。传统家庭经济合作和赡养老人的实际功能逐渐减弱。

二 家庭的新支点：象征意义

通过"不招不嫁"的缔结，我们可以看到从婚姻仪式开始一直到婚后孩子的姓氏选择，象征的意义不断被凸显。双边举行的婚礼仪式，双边居住，给孩子起两个名字——为此而进行的博弈背后其实都是要向他人表明"不招不嫁"的性质。以双方父母为"不招不嫁"夫妻准备新房为例，很多年轻夫妇由于工作的原因远离彼此成长的社会和亲属圈，实际生活中夫妻既不在夫家，也不在妻家，尽管如此，为了突出婚姻的性质，双方父母还是坚持为他们准备新房。

"不招不嫁"不断彰显着"两边照顾"的性质，双方家庭之间的不断博弈与协商最终也是为了达到一种平衡。目前来说"不招不嫁"已经基本形成了大家共同认可的一些事实，从婚礼仪式到婚后孩子的姓氏选择形成了前因后果的关系："不招不嫁"—双边居—双边继承财产—双边继嗣—照顾双方的父母，从选择"不招不嫁"这种婚姻形式开始，就决定了之后所有的"两边照顾"，仪式则让日后的一切变得合情合理。尽管我们也可以看到，很多时候双边居、双边继承财产、双边继嗣未能真正实现，都只是成了符号，但所有的协商与冲突最后只是为了争取这一符号。

传统婚姻中女儿出嫁之后就是被娘家"泼出去的水"。张卫国认为改革开放和计划生育政策实施重塑了北方农村亲属关系、社会性别，当代家庭中女儿与娘家的关系与传统相比日益密切，女儿不再是被娘家"泼出去的水"，而"永远是父母的女儿"①。这种情况在当代社会比较普遍，在我调查的过程中也常常听到那些娶媳妇的家庭中婆婆抱怨儿媳妇与娘家的关系太密切了，虽然媳妇是娶进男方家的，最后好像"儿子也变成媳妇家的了"。但不管女儿与娘家的关系多亲密，女儿嫁入夫家的身份并未改变。而"不招不嫁"意味着男方和女方都未离开原来的家庭，尤其是对女儿来说她不再是被娘家"泼出去的水"。"不招不嫁"的女子与家中兄弟姐妹具有平等的继承家庭财产的权利，女子在家庭中的财产继承权得到父母、家庭以及社会的认可。

三　传统的惯性：祖先崇拜的延续

中国社会是一个以父系为主导的社会，主要表现在三个方面：父权制、从夫居、父系继嗣。"不招不嫁"的出现对这三个方面都构成了挑战，婚礼形式兼顾两边，双边居住，孩子的姓氏可以协商灵活解决，使得一切都不再是以父系为主。如果说"从夫居与随父姓这类安排都可以协商的时候，那么传统的父系家庭制度必然出现结构上的松动，生活的安排可以不再遵循传统的约定，一切都有了协商的可能"②，尤其是孩子姓氏的选择问题使得以父系

① 张卫国：《"嫁出去的女儿泼出去的水？"——改革开放后中国北方农村已婚妇女与娘家日益密切的关系》，黄宗智主编《中国乡村研究》第7辑，福建教育出版社，2010。
② 白志红：《女性主义与人类学》，知识产权出版社，2014，第170页。

为主的家庭继嗣及祖先崇拜也有了协商的空间。

祖荫是一个连续体，把家庭的过去、现在和未来都贯穿在一起。许烺光提道："个人离开了祖先是不能够生存的。他的价值和命运不仅与祖先的命运密切相连，而且被看成是祖先所作所为的反映。从这个角度来说，任何人可以说是在祖先的庇荫下生存的。"① 当代家庭规模、家庭形式等发生的剧烈变迁并未动摇白族社会的祖先崇拜，相反，人们在想尽一切办法来延续家庭的继嗣，保证家庭血脉的延续。"不招不嫁"的双方家庭对所生孩子应该跟着谁姓展开博弈，我认为双方都是为了延续家庭的继嗣，由于大多数"不招不嫁"的夫妇只能生育一个孩子，双方家庭都不想让自家后继无人，"不招不嫁"力图解决这个问题。

通过前文的论述我们看到"不招不嫁"的家庭在孩子姓氏问题上采取了不同的解决方式，其中最常见的方式就是分别用父亲和母亲的姓给孩子取两个名字，在不同的家庭选择使用不同的名字。不管是给孩子取两个名字，还是在不同的家庭中选择使用不同的姓，孩子"在我家"与"在他（她）家"的不同名字的区分象征着孩子所拥有的双重身份，尤其是父母都强调"以后我碑文上就用在我家的名字"，已经明确了孩子在他家有继嗣的责任，于是就出现了一个孩子承担着两家继嗣的情况。这与传统的父系继嗣又有两个重要的差别。第一是"不招不嫁"的当事女性一方已经被计入原本家庭继嗣中，"不招不嫁"中很多家庭并没有再举行为男子"更名换姓"的仪式，这样女方家庭从"不招不嫁"的女儿开始将女性算入家庭继嗣的行列；第二是不管所生的孩子是男孩还是女孩，双方家长都在争孩子的姓，于是会出现父亲—儿子/女儿—孙子/孙女这样的继嗣关系。因此，在这里祖先崇拜发生了细微的变化，白族社会原来的祖先崇拜是以父系为主的祖先崇拜，

---

① 许烺光：《祖荫下：中国乡村的亲属、人格、社会流动》，（台北）南天书局，2001，第7页。

而现在所说的祖先崇拜注重的是双系的祖先，其最终目的也是延续双方家庭的血脉，祖先崇拜的核心内容家庭继嗣的重点并未发生改变。在这个过程中我们看到女性主体意识不仅体现在经济基础或日常权力结构上，而且表现在许多象征领域，一旦与女性所处的特定社会文化环境相结合，在象征领域的女性意识就显得格外耀眼，这也意味着我们在女性研究中应考虑到其所处的特定的文化背景。

通过"不招不嫁"的发展过程，我们看到传统与现代之间并不存在绝对的界限，正如吉登斯所说，"现代性在其发展历史的大部分时期里，一方面它在消解传统，另一方面，它又在不断重建传统"。一方面，"过去并不是被保存了下来，而是在现在的基础上被不断地重建。这种重建过程部分是个体性的，但在更为根本的层面上是社会的、集体的"①。作为主体的人类实践在这里发挥了重要作用，集体能动性的发挥使得人们并不是被动地适应变迁所带来的问题。另一方面，"家庭并非是消极承受社会变迁带来的冲击——诸如家庭离散、亲属关系碎片化和人的主体化——的后果的客体，而是一个积极适应变化和抵抗变化的组织"②。

在这里我们也看到"不招不嫁"对女性地位的改变有着重要意义，因为这种婚姻形式直接将女性纳入家庭继嗣的行列，改变了女性从属于夫家的地位。"一半女儿一半儿媳"的身份使女性拥有了更多的主动权，女性在家庭中的主体和独立意识在"不招不嫁"中不断被激发。与传统的嫁娶婚相比，男性在"不招不嫁"这种婚姻形式中处于处处"让步"的境地，女方进男方退甚至成为一种常态。

---

① 安东尼·吉登斯：《生活在后传统社会中》，〔德〕贝克、〔英〕吉登斯、〔英〕拉什：《自反性现代化：现代社会秩序中的政治、传统与美学》，赵文书译，商务印书馆，2001，第72、81页。

② 金一虹：《流动的父权：流动农民家庭的变迁》，《中国社会科学》2010年第4期。

如果说传统的婚姻家庭及嫁娶婚中女性的不平等地位是被构建的，那么通过"不招不嫁"这种婚姻形式，女性在家庭继嗣中的地位重新被构建，以传统认可的方式进入了家庭继嗣的行列，"不招不嫁"以新的方式重构着女性在婚姻家庭中的地位。

当然，"不招不嫁"也带来了很多问题。"当双亲属于不同群体时，让子女在某种情况下属于父亲群体，在另一种情况下则又属于母亲的群体，这在理论上当然是可能的。但是，这将造成复杂的情况。而且，与简明的权利定义相比较，任何复杂的权利定义通常在功能上都是低效的。"① "不招不嫁"夫妇孩子的双重身份归属目前来说暂时解决了双方家庭的继嗣问题，但从小离开父亲和母亲所在亲属团体的生活让他们对家庭的认同与父母并不一样，未来的他们未必会像他们的父母亲和爷爷奶奶一样视家庭的继嗣为己任，长远的家庭继嗣依然会出现各种各样的问题；孩子在成长过程中，由于双重身份归属，其社会身份变得模棱两可，附属在社会身份上的权利与义务就无法确定，他们除了继承了姓之外，是否能承担起真正意义上的家庭责任与义务还是个未知数。亲属制度是人类最根本的制度之一，人们在实践中建立亲属制度其实就是为了形成社会秩序，而"不招不嫁"对亲属关系的重构将对白族社会原本的亲属制度产生更为深远的影响。

"不招不嫁"从出现一直发展到现在还未形成固定的模式，人们为了达到一种理想的状态依然在不断地做着各种尝试。关于"不招不嫁"的博弈仍然在继续，"不招不嫁"这种婚姻形式在未来将会走向何方，只有让时间来说明。

---

① 〔英〕A. R. 拉德克利夫－布朗：《原始社会的结构与功能》，潘蛟等译，中央民族大学出版社，1999，第47—48页。

参考文献

中文文献

[1] 〔澳〕C. P. 费茨杰拉德:《五华楼:关于云南大理民家的研究》,刘晓峰、汪晖译,民族出版社,2006。

[2] 〔法〕埃米尔·涂尔干:《社会分工论》,渠东译,三联书店,2000。

[3] 〔英〕安东尼·吉登斯:《社会的构成》,李康译,三联书店,1998。

[4] 白志红:《女性主义与人类学》,知识产权出版社,2014。

[5] 〔英〕勃洛尼斯拉夫·马林诺夫斯基:《两性社会学:母系社会与父系社会之比较》,李安宅译,上海人民出版社,2003。

[6] 〔法〕布迪厄:《实践感》,蒋梓骅译,译林出版社,2003。

[7] 蔡华:《双系亲属法与亲属制度的多样性》,《中南民族大学学报》(人文社会科学版)2009年第3期。

[8] 曹丽娟:《"80后"婚姻中的姓氏之争》,《当代青年研究》2013年第5期。

[9] 陈顾远:《中国婚姻史》,岳麓书社,1998。

[10] 陈庆德、刘锋:《婚姻的理论建构与遮蔽》,《吉林大学社会科学学报》2006年第5期。

[11] 陈纬华:《人类学汉人亲属研究:回顾与批评》,《汉学研究通讯》2004年第2期。

[12] 程汉大:《正和博弈是立宪成功之道》,《山东师范大学学报》(人文社会科学版)2005年第4期。

[13] 〔加〕大卫·切尔:《家庭生活的社会学》,彭铟旎译,中华

书局，2005。

[14] 刁统菊、赵丙祥、刘晓琳：《宗族村落中姻亲关系的建立、维护与重组——以鲁东小姚格庄为个案》，《民俗研究》2008年第3期。

[15] 杜杉杉：《社会性别的平等模式——"筷子成双"与拉祜族的两性合一》，赵效牛、刘永青译，杜杉杉校，云南大学出版社，2008。

[16] 〔美〕杜赞奇：《文化、权力与国家：1900—1942年的华北农村》，王福明译，江苏人民出版社，2003。

[17] 费孝通：《乡土中国　生育制度　乡土重建》，商务印书馆，2011。

[18] 风笑天：《已婚独生子女身份与夫妻权力——全国五大城市1216名已婚青年的调查分析》，《广西民族大学学报》（哲学社会科学版）2011年第5期。

[19] 冯雪红：《嫁给谁：新疆阿村维吾尔族妇女婚姻民族志》，社会科学文献出版社，2013。

[20] 高怡萍：《亲属与社会群体的建构》，《广西民族学院学报》（哲学社会科学版）2000年第1期。

[21] 关晓敏：《"80后"婚嫁现象探析——"独二代"的姓氏之争》，《法制与社会》2011年第9期。

[22] 韩俊魁：《没有年轮的树——中缅边境拉祜西的亲属制度》，云南人民出版社，2009。

[23] 何明：《文化持有者的"单音位"文化撰写模式——"村民日志"的民族志实验意义》，《民族研究》2006年第5期。

[24] 何明：《问题意识与意识问题——人文社会科学问题的特征、来源与应答》，《学术月刊》2008年第10期。

[25] 何志魁：《白族母性文化的道德教育功能研究》，广西师范大学出版社，2009。

[26] 何志魁：《我国出生人口性别比例失调问题治理的跨文化启

示——基于白族性别文化的视角》，《西南民族大学学报》
（人文社会科学版）2011 年第 7 期。

[27] 黄光国：《面子：中国人的权力游戏》，中国人民大学出版
社，2004。

[28] 黄亚慧：《并家婚姻中女儿的身份与地位》，《妇女研究论
丛》2013 年第 4 期。

[29] 黄应贵：《反景入深林：人类学的关照、理论与实践》，商务
印书馆，2010。

[30] 吉国秀：《婚姻仪礼变迁与社会网络重建——以辽宁省东部
山区清原镇为个案》，中国社会科学出版社，2005。

[31] 〔英〕杰西·洛佩兹、约翰·斯科特：《社会结构》，允春喜
译，吉林人民出版社，2007。

[32] 金一虹：《流动的父权：流动农民家庭的变迁》，《中国社会
科学》2010 年第 4 期。

[33] 雷洁琼：《改革以来中国农村婚姻家庭的新变化：转型期中
国农村婚姻家庭的变迁》，北京大学出版社，1994。

[34] 李东红：《乡人说事：凤羽白族村的人类学研究》，知识产权
出版社，2012。

[35] 李甫春：《驮娘家流域壮族的欧贵婚姻》，《民族研究》2003
年第 2 期。

[36] 李宁利：《自梳女的“婚嫁”象征》，《民族研究》2004 年第
5 期。

[37] 〔英〕李区：《上缅甸诸政治体制：克钦社会结构之研究》，
张恭启、黄道琳译，（台北）唐山出版社，1999。

[38] 李霞：《娘家与婆家——华北农村妇女的生活空间和后台权
力》，社会科学文献出版社，2010。

[39] 李霞：《依附者还是构建者——关于妇女亲属关系的一项民
族志研究》，《思想战线》2005 年第 1 期。

[40] 李晓莉：《云南直苴彝族婚姻家庭调查与研究》，民族出版

社，2007。

[41] 连瑞枝：《隐藏的祖先：妙香国的传说和社会》，三联书店，2007。

[42] 〔法〕列维－斯特劳斯：《结构人类学》第一卷，张祖建译，中国人民大学出版，2006。

[43] 林明鲜、申顺芬：《婚姻中的"私事"与社会干预的变迁——以〈人民日报〉（1950—1997）的婚姻报道为例》，《西北师大学报》（社会科学版）2007年第6期。

[44] 林耀华：《义序的宗族研究》，三联书店，2000。

[45] 刘英：《中国婚姻家庭研究》，中国友谊出版公司，1987。

[46] 〔美〕流心：《自我的他性：当代中国的自我系谱》，常姝译，上海人民出版社，2005。

[47] 〔美〕鲁比·沃森：《兄弟并不平等：华南的阶级和亲族关系》，时丽娜译，上海译文出版社，2008。

[48] 〔美〕路易斯·亨利·摩尔根：《古代社会》，杨东莼、马雍、马巨译，江苏教育出版社，2005。

[49] 〔美〕罗伯特·阿克塞尔罗德：《合作的进化》，吴坚忠译，上海人民出版社，2007。

[50] 麻国庆：《家与中国社会结构》，文物出版社，1999。

[51] 麻国庆：《永远的家：传统惯性与社会结合》，北京大学出版社，2009。

[52] 马宗保、高永久：《乡村回族婚姻中的聘礼与通婚圈——以宁夏南部单家集村为例》，《民族研究》2005年第2期。

[53] 〔英〕莫里斯·弗里德曼：《中国东南的宗族组织》，刘晓春译，王铭铭校，上海人民出版社，2000。

[54] 纳日碧力戈：《姓名》，中央民族大学出版社，2000。

[55] 纳日碧力戈：《姓名论》，社会科学文献出版社，2002。

[56] 〔英〕奈杰尔·拉波特：《乔安娜·奥弗林社会文化人类学的关键概念》，鲍雯妍、张亚辉译，华夏出版社，2005。

[57] 潘允康:《社会变迁中的家庭:家庭社会学》,天津社会科学院出版社,2002。

[58] 彭文斌、郭建勋:《人类学视野下的仪式分类》,《民族学刊》2011 年第 1 期。

[59] 彭兆荣:《人类学仪式的理论与实践》,民族出版社,2007。

[60] 彭兆荣:《人类学仪式研究评述》,《民族研究》2002 年第 2 期。

[61] 上海社会科学院家庭研究中心编《中国家庭研究》第 4 卷,上海社会科学院出版社,2009。

[62] 〔日〕上野千鹤子:《近代家庭的形成和终结》,吴咏梅译,商务印书馆,2004。

[63] 沈奕斐:《个体家庭 iFamily:中国城市现代化进程中的个体、家庭与国家》,上海三联书店,2013。

[64] 〔美〕施传刚:《永宁摩梭》,刘永青译,云南大学出版社,2008。

[65] 唐灿、陈午晴:《中国城市家庭的亲属关系——基于五城市家庭结构与家庭关系调查》,《江苏社会科学》2012 年第 2 期。

[66] 唐灿、马春华、石金群:《女儿赡养的伦理与公平——浙东农村家庭代际关系的性别考察》,《社会学研究》2009 年第 6 期。

[67] 陶艳兰:《未婚流动女青年家庭生活实践中个体的崛起及性别意涵》,《广西民族大学学报》(哲学社会科学版)2014 年第 7 期。

[68] 王积超:《人口流动与白族家族文化变迁》,民族出版社,2006。

[69] 王建民:《维克多·特纳与象征符号和仪式过程研究》,《中南民族大学学报》(人文社会科学版)2007 年第 2 期。

[70] 王萍:《众神庇佑——剑川白族中老年女性宗教群体"妈妈会"研究》,云南大学硕士学位论文,2005。

[71] 〔英〕王斯福：《帝国的隐喻：中国民间宗教》，赵旭东译，江苏人民出版社，2004。

[72] 王跃生：《中国农村家庭的核心化分析》，《中国人口研究》2007 年第 5 期。

[73] 王郅强：《从零和博弈到正和博弈——转型期群体性事件治理的理念变革》，《吉林大学社会科学学报》2010 年第 6 期。

[74] 〔美〕威廉姆·庞德斯通：《囚徒的困境：冯·诺伊曼、博弈论和原子弹之谜》，吴鹤龄译，北京理工大学出版社，2005。

[75] 〔芬兰〕韦斯特马克：《人类婚姻史》第 1—3 卷，李彬等译，商务印书馆，2002。

[76] 〔英〕维克多·特纳：《仪式过程：结构与反结构》，黄剑波等译，中国人民大学出版社，2006。

[77] 〔英〕维克多·特纳：《戏剧、场景及隐喻：人类社会的象征性行为》，民族出版社，2007。

[78] 〔德〕乌尔里希·贝克等：《自反性现代化：现代社会秩序中的政治、传统与美学》，赵文书译，商务印书馆，2001。

[79] 〔德〕乌尔里希·贝克、伊丽莎白·贝克 - 格恩斯海姆：《个体化》，李荣山等译，北京大学出版社，2011。

[80] 熊迅：《姓名、亲属称谓与社群关系：以腾冲古永傈僳人为例》，《广西民族大学学报》（哲学社会科学版）2010 年第 1 期。

[81] 徐春莲、郑晨主编《屋檐下的宁静变革：中国家庭 30 年》，广东高等教育出版社，2008。

[82] 阎云翔：《礼物的流动：一个中国村庄中的互惠原则与社会网络》，李放春、刘瑜译，上海人民出版社，2000。

[83] 阎云翔：《私人生活的变革：一个中国村庄里的爱情、家庭与亲密关系 1949—1999》，龚小夏译，上海书店出版社，2006。

[84] 杨菊华：《延续还是变迁？社会经济发展与婚居模式关系研究》，《人口与发展》2008 年第 5 期。

［85］ 杨善华、侯红蕊：《血缘、姻缘、亲情与利益——现阶段中国农村社会中"差序格局"的"理性化"趋势》，《宁夏社会科学》1999 年第 6 期。

［86］ 杨文辉：《白语与白族历史文化研究》，云南大学出版社，2009。

［87］ 姚国庆：《博弈论》，南开大学出版社，2004。

［88］ 翟学伟：《中国人的脸面观：社会心理学的一项本土研究》，（台北）桂冠图书公司，1985。

［89］ 张帆：《血浓于水——华北高村汉族的亲属制度》，云南人民出版社，2009。

［90］ 张维迎：《博弈与社会》，北京大学出版社，2013。

［91］ 张卫国：《"嫁出去的女儿泼出去的水？"——改革开放后中国北方农村已婚妇女与娘家日益密切的关系》，黄宗智主编《中国乡村研究》第 7 辑，福建教育出版社，2010。

［92］ 张岩：《社会组织与亲属制度研究》，《社会学研究》2008 年第 1 期。

［93］ 郑也夫：《走出囚徒困境》，光明日报出版社，1995。

［94］ 周长城、韩秀记：《当代中国经验下的家庭制度主义分析——兼论贝克尔"家庭论"》，《黑龙江社会科学》2010 年第 4 期。

英文文献

［1］ Cai Hua, *Society Without Fathers or Husbands：The Na of China*, New York：Zone Books, 2001.

［2］ Charles Stafford, "Chinese Partiality and the Cycles of Yang and Laiwang," in Janet Carsten ed. , *Cultures of Relatedness：New Approaches to the Study of Kinship*, 2000.

［3］ Colin Mackerras, "Aspects of Bai Culture：Change and Continuity in a Yunnan Nationality," *Modern China*, Vol. 14, No. 1, January 1988, 51 – 84.

[4] Corinne P. Hayden, "Gender, Genetics, and Generation: Reformulating Biology in Lesbian Kinship," *Cultural Anthropology*, Vol. 10, No. 1 , Feb. , 1995.

[5] David M. Schneider (original 1968), *American Kinship: A Cultural Account*, Chicago: University of Chicago Press, 1980.

[6] E. Teman, "The Medicalization of ' Nature ' in the ' Artificial body ': Surrogate Motherhood in Israel, Med. ," *Anthropol*, 2003, 17 (1) .

[7] Janet Carsten, *After Kinship*, Cambridge: Cambridge University Press, 2005.

[8] Janet Carsten ed. , *Cultures of Relatedness: New Approaches to the Study of Kinship*, Cambridge: Cambridge University Press, 2000.

[9] Peter Riviere, "The Amerindianization of Descent and Affinity," in Robert Parkin and Linda Stone eds. , *Kinship and Family: An Anthropological Reader*, Blackwell Publishing, 2004.

[10] Robin Fox, "Primate Kin and Human Kinship," in Robert Parkin and Linda Stone eds. , *Kinship and Family : An Anthropological Reader*, Blackwell Publishing, 2004.

[11] Walter Edwards, *Modern Japan through Its Weddings: Gender, Person, and Society in Ritual Portrayal*, Stanford University Press, 1989.

后　记

以往读书，总爱先翻看前言、后记，只因这其中饱含了很多故事，此刻到自己写后记，才深切体会到那短短文字背后书者的喜怒哀乐。

我与民族学的相识源于本科时候被调剂到云南大学民族学专业，直到拿到录取通知书的那一刻，才去翻看民族学到底是干什么的。我怀着懵懂的心进入这个专业学习，却不曾想到最后会考研、读博"一条路走到黑"，终究还是被民族学的魅力所吸引。这么多年的学习，我不敢说我对民族学有多么独到的见解，但我从中学会了在观察他者的时候也要不断的反思自己，我非常庆幸自己一直的坚持。

本书是在我博士毕业论文基础上修改而成，在论文出版之际，我要特别感谢我的恩师何明教授。我很幸运从硕士研究生到博士研究生都师从何明老师，一直以来不管在学习上还是生活上何老师都在指引着我前进。何老师严谨的治学态度和敏锐的学术思维让我佩服不已。从论文的选题、田野调查、论文修改到本书的出版，都离不开何老师的悉心指导和鼓励。

感谢调查过程中所有帮助过我的村民。感谢在大理的诸多朋友，在得知我的调查主题后，他们帮我联系了很多调查对象，让我得以展开全面调查。

感谢张文勋先生、李东红教授、杨文辉副教授一直以来的鼓励和帮助，让我感受到家乡的前辈对我们年轻一辈的关心。感谢我民族学的启蒙老师朱凌飞教授、嘉日姆几副教授在田野调查和论文写作过程中的指导。感谢参与我（预）答辩的中央民族大学麻国庆教授、丁宏教授，复旦大学纳日碧力戈教授，厦门大学张先清教授，云南民族大学和少英教授，云南省社会科学院郭家骥研究员，云南大学王文光教授、瞿明安教授、马翀炜教授、白志红教授、李志农教授，他们给我的论文提出了诸多宝贵意见和建议。

感谢我的师兄陈学礼老师，我的同窗好友莫力、李文刚、王春桥、高静、陈浩、刘彦、阮池银、陈春燕，在论文写作过程中每一次和他们的交流讨论都让我受益匪浅。感谢陈明君和王燕，"冶金铁三角"午后在宿舍喝着茶，讨论学术，讨论女博士生活的场景，这是读博期间最美好的回忆。

感谢我现在所供职的大理大学，感谢寸云激研究员、赵敏副教授、罗勇副研究员为本书提出的修改建议。感谢大理大学科技处李辉处长等领导及同事的关心与支持。

最后，感谢我的父母从小到大对我的培养，感谢我的公公婆婆对我的理解，感谢我的爱人张锦泉在我求学期间给予的包容与支持，以及在我每一次无助时的鼓励与陪伴。

此书的出版，算是我上一个学习阶段提交的答卷，不足之处还请学界同仁批评指正。未来的学术道路还很长，我会继续努力，在希望的田野上走得更远一些。

许沃伦

2018 年 12 月 20 日写于天景山寓所

图书在版编目（CIP）数据

"祖荫"博弈与意义建构：大理白族"不招不嫁"
婚姻的人类学研究 / 许沃伦著. -- 北京：社会科学文
献出版社，2019.1
（云南大学西南边疆少数民族研究中心文库. 社会发
展与社会治理系列）
ISBN 978 - 7 - 5201 - 3984 - 7

Ⅰ. ①祖… Ⅱ. ①许… Ⅲ. ①白族 - 婚姻 - 研究 - 大
理白族自治州 Ⅳ. ①K892. 22

中国版本图书馆 CIP 数据核字（2018）第 274293 号

云南大学西南边疆少数民族研究中心文库·社会发展与社会治理系列
"祖荫"博弈与意义建构
——大理白族"不招不嫁"婚姻的人类学研究

著　　者 / 许沃伦

出 版 人 / 谢寿光
项目统筹 / 王玉霞
责任编辑 / 王玉霞　徐成志

出　　版 / 社会科学文献出版社·区域发展出版中心（010）59367143
　　　　　　地址：北京市北三环中路甲 29 号院华龙大厦　邮编：100029
　　　　　　网址：www. ssap. com. cn
发　　行 / 市场营销中心（010）59367081　59367083
印　　装 / 三河市尚艺印装有限公司

规　　格 / 开 本：787mm × 1092mm　1/16
　　　　　　印 张：12. 25　字 数：180 千字
版　　次 / 2019 年 1 月第 1 版　2019 年 1 月第 1 次印刷
书　　号 / ISBN 978 - 7 - 5201 - 3984 - 7
定　　价 / 78. 00 元

本书如有印装质量问题，请与读者服务中心（010 - 59367028）联系